S'affirmer

Groupe Eyrolles
61, Bd Saint-Germain
75240 Paris Cedex 05
www.editions-eyrolles.com

La société Prometis a été créée en 1999,
par Grégoire Cusin-Berche, actuel PDG.

La société s'organise autour de trois pôles :
– Internet, avec quatre portails dont super-secretaire.com,
super-commercial.com, super-comptable.com et super-rh.com.

– Édition, avec le magazine *Office Mag*
et une collection d'ouvrages professionnels.

– Événementiel, avec le salon national des secrétaires et assistant(e)s,
Assist'Expo et ses éditions régionales.

Le code de la propriété intellectuelle du 1er juillet 1992 interdit en effet expressément la photocopie à usage collectif sans autorisation des ayants droit. Or, cette pratique s'est généralisée notamment dans les établissements d'enseignement, provoquant une baisse brutale des achats de livres, au point que la possibilité même pour les auteurs de créer des œuvres nouvelles et de les faire éditer correctement est aujourd'hui menacée.
En application de la loi du 11 mars 1957, il est interdit de reproduire intégralement ou partiellement le présent ouvrage, sur quelque support que ce soit, sans l'autorisation de l'Éditeur ou du Centre Français d'exploitation du droit de copie, 20, rue des Grands Augustins, 75006 Paris.

© Groupe Eyrolles, 2008
ISBN : 978-2-212-54082-6

Muriel Jouas

S'affirmer

EYROLLES

prometis

Remerciements

Merci à Shelle Rose-Charvet, conférencière de réputation internationale, certifiée en programmation neuro-linguistique, experte en communication des personnes et langage d'influence. Ses apports théoriques et démonstrations ont été le facteur déclencheur de cet ouvrage.

Merci à Jean-Luc Monsempes, président de PNL Repère, pour avoir accepté que j'utilise des éléments appris en formation à la programmation neuro-linguistique au sein de son cabinet.

Merci à la Cegos sans qui cet ouvrage n'aurait sans doute pas été possible.

Merci à Kahler Communication France pour ses enseignements de la Process Communication®, sources de quelques principes de cet ouvrage.

Merci à Karine Feng pour ses apports dans les relations clients et fournisseurs.

Merci à ceux qui se sont prêtés aux exercices de relecture… et de soutien !

Table des matières

Introduction 1
Préambule 3

PARTIE 1. SOYEZ CE QUE VOUS VOULEZ ! 5

Chapitre 1. **Réussissez votre intégration** 7
    Test : Comment vous intégrez-vous ? 7
        Identifiez vos champs d'action et prérogatives 10
        Valorisez vos compétences et votre savoir-être 11
        Appréhendez la culture de votre entreprise 16

Chapitre 2. **Établissez des relations efficaces
avec votre hiérarchie et vos collaborateurs** 18
    Test en vingt questions : identifiez vos niveaux d'autonomie 19
        Comprenez et acceptez vos fonctionnements 24
        Que faire avec et pour eux ? 29
        Utilisez les mots magiques 34

Chapitre 3. **Choisissez et mettez en place votre autorité…** 37
    Évacuez les cinq fantasmes de l'autorité ! 37
    L'autorité experte 40
    L'autorité commerciale 41
    L'autorité relationnelle 42
    L'autorité de coaching 43

S'AFFIRMER

    L'autorité statutaire 44
    Adoptez les bons comportements 45

Chapitre 4. **Identifiez la manipulation et déjouez-la** 49
    Le manipulateur sympathique 49
    Le manipulateur séducteur 50
    Le manipulateur altruiste 50
    Le manipulateur cultivé 51
    Le manipulateur timide 51
    Le manipulateur dictateur 52

Chapitre 5. **En cas de situation sensible** 53
    Valorisez la relation établie 53
    Décrivez les faits et validez-les 54
    Visualisez vos objectifs : OI et ICS ! 55
    Déroulez le « management de l'erreur » 57

PARTIE 2. FAITES CE QUE VOUS VOULEZ ! 59

Chapitre 6. **Définissez vos objectifs** 61
    Posez-vous quelques questions ! 61
    Identifiez vos motivations : valeurs et critères 63
    Formulez votre objectif 66
    Identifiez les freins 70
    Mise en pratique 71

Chapitre 7. **Élaborez votre stratégie** 73
    Faites vos listes de ressources ! 73
    Identifiez vos alliés opérationnels 83
    Gérez les autres 86

Table des matières

Chapitre 8. **Réalisez-vous dans les groupes projet** 87
   Identifiez les projets qui vous intéressent et sachez pourquoi !.... 87
   Identifiez votre valeur ajoutée pour le projet 89
   Formulez votre demande ! 90

PARTIE 3. AFFIRMEZ-VOUS À L'ORAL EN FACE À FACE 93

Chapitre 9. **Exprimez-vous !** 95
   Testez votre capacité à demander ! 95
   Mais que voulez-vous donc ? 98
   À qui allez-vous demander cela ? 99
   Choisissez le moment 99
   Formulez votre demande 100

Chapitre 10. **Conseil, aide, service... que voulez-vous ?** 108
   Demandez un conseil et accordez-vous le droit de ne pas le suivre 108
   Demander de l'aide ne fait pas de vous un faible ! 109
   Demandez un service sans être redevable à vie ! 110

Chapitre 11. **Comment gérer la réponse ?** 112
   Argumenter ou pas ? 112
   Écoutez la réponse et dissociez-la de la personne qui la donne ... 113
   Remerciez et concluez, ne faites pas de comptabilité ! 114

Chapitre 12. **Faites ou recevez une critique** 116
   Testez votre résistance à la critique 116
   Sachez formuler une critique 120
   Recevez une critique justifiée et faites-en une piste de progrès.... 124
   Recevez une critique injustifiée et gérez-la ! 126

Chapitre 13. **Faites des compliments ! C'est agréable !** 129
    Formulez un compliment « vrai » 129
    Donnez-le au bon moment 131
    Écoutez et acceptez ceux qui vous sont destinés 132
    Déjouez la manipulation 133

Chapitre 14. **Osez dire « non »** 134
    Testez votre capacité à dire « non » 134
    Ce qui nous empêche de dire « non »… 137
    Dites « non » tout simplement ! 140
    Quand Éric Tabarly a dit « non » au général de Gaulle 142

PARTIE 4. AFFIRMEZ-VOUS À L'ORAL EN PUBLIC 145

Chapitre 15. **Préparez vos présentations** 147
    TOPP : thème – objectif – plan – procédé 147
    Définir un objectif ou des attentes 149
    Tenez compte du contexte et de votre auditoire 151
    Soignez vos supports 151

Chapitre 16. **Animez avec aisance présentations et réunions** . 156
    Réussissez la prise de contact 156
    Répétez votre introduction 157
    Présentez un plan… et suivez-le ! 158
    Donnez les règles du jeu 160
    Le joker… 160
    Concluez… vraiment ! 161

Chapitre 17. **Gérez les publics délicats** 163
    Distinguons attitude et comportement 163

Table des matières

Distinguez faits, opinions et sentiments 166
Faites taire les bavards et parler les silencieux ! 167
Contrez l'hostilité sans y répondre 168
Gérez une objection avec le « Vous – Je – Nous » 169
Appuyez-vous sur les alliés… sans faire allégeance ! 171
N'entrez pas dans le « Triangle de Karpmann » 173

Chapitre 18. **Travaillez votre pouvoir non verbal** 176
   Posez votre voix 176
   Appuyez votre regard 178
   Redressez-vous ! 179
   Ouvrez vos bras et bougez ! 180
   Stabilisez vos pieds et bougez ! 181

Chapitre 19. **Pour en finir avec l'oral** 184
   Les idées reçues de l'oral 184
   Les sept péchés capitaux 185
   Les dix commandements de l'oral 186

PARTIE 5. AFFIRMEZ-VOUS À L'ÉCRIT 189
   L'apprentissage structuré ou autodidacte 190
   L'affrontement synchrone ou asynchrone 190
   Estime de soi et image de soi 190

Chapitre 20. **Déjouez les pièges du mail** 191
   Choisissez vos destinataires et copies 191
   Un « objet » parlant ! 192
   Soignez votre style 193

IX

Pièce jointe ou corps de texte ? 196
Comment ne pas utiliser les mails ! 196

Chapitre 21. Rédigez rapports, synthèses et comptes rendus . 199
Un rapport efficace 200
Une synthèse… digne de ce nom ! 202
Un résumé, un point de situation ou un compte rendu 203
Un relevé de décision 203
Globalement, comment sélectionner les destinataires ? 204
Sources et bibliographies 205

Chapitre 22. Pour en finir avec l'écrit ! 206
Les péchés capitaux de l'écrit 206
Les idées reçues à l'écrit 208

PARTIE 6. AVEC VOS CLIENTS ET FOURNISSEURS 211

Chapitre 23. Identifiez les attitudes de vos clients… 213
Le client rigide : il a son idée ! 213
Le client gourmand : toujours plus ! 215
Le client (apparemment) hésitant : « Je dois réfléchir » 216
Le client « plus » souple 216
Le client infidèle : aujourd'hui avec vous, demain chez la concurrence 217
Le client « relation » : le pire à manager ! 218

Chapitre 24. Acceptez les besoins de vos clients ! 220
Qui sont nos clients ? 220
Bien travailler avec ses clients 221
Traiter une réclamation client 227

Table des matières

Chapitre 25. **Et avec ses fournisseurs !** 228
    Rédigez un cahier des charges transparent 228
    Rédigez une réclamation à un fournisseur 229

Conclusion 233
Références et sources 234

Introduction

S'affirmer… oser s'affirmer. Mais affirmez-vous donc !
Et vous qu'est-ce que vous en pensez ?
Qu'en dites-vous ?
Ces phrases ponctuent notre quotidien aujourd'hui. La pression est énorme et la situation très délicate.
Celui qui reste discret, qui est le plus souvent d'accord, se voit targué de faible, de quelqu'un qui n'a pas de personnalité, de potentiellement influençable…
Et en face, celui qui ose dire non, qui s'affiche, s'affirme, adopte un look personnel, celui-là même passe pour une forte tête, ou un arrogant…
Entre les deux, comment faire ? Mais qu'est-ce donc que s'affirmer ? N'y a-t-il qu'une définition ? Que mettons-nous, les uns et les autres, derrière cette assertion ? Y a-t-il seulement des attitudes à adopter et d'autres à bannir une fois pour toutes ? Bien évidemment non. Nous aurions alors la solution à toutes les situations et il suffirait de lire le livre pour être garanti ! Nous sommes dans des systèmes, dans des interactions et une attitude à proscrire quelque part sera celle à adopter ailleurs… et inversement !
En revanche, après cette réponse qui n'en est pas une, et afin de justifier cet ouvrage (humour !), nous allons tenter de nous donner des méthodes et des outils pour améliorer notre affirmation de soi dans des situations professionnelles. Nous n'aborderons pas ici les questions personnelles et situations potentiellement conflictuelles à dominante personnelle.
La première partie de cet ouvrage sera consacrée à votre intégration professionnelle.

Que vous débutiez dans la vie professionnelle, ou que vous preniez de nouvelles fonctions, vous allez être testé, évalué pendant quelques mois. Vous devez alors à la fois prendre en main une nouvelle activité, intégrer une nouvelle équipe et vous affirmer, vous positionner dans une organisation, dans un système avec des enjeux évidents et d'autres plus implicites.

Dans une deuxième partie, nous aborderons la question de votre stratégie professionnelle personnelle. Qu'attendez-vous de votre fonction, de votre activité ? Comment pouvez-vous élaborer un plan d'action à moyen ou long terme pour vous réaliser professionnellement ?

Plus tard, nous vous donnerons des méthodes et outils pour vous affirmer à l'oral dans deux types de situations : en face à face ou en public.

Dans ce contexte interpersonnel (troisième partie du livre), nous vous proposons de réfléchir à des contextes spécifiques de demande d'aide, de conseil, de réception ou d'expression de critique ou de compliment… et nous vous accompagnerons pour dire « non » !

C'est alors, dans un quatrième temps, que nous aborderons ensemble une situation d'assertivité en public lors de présentations professionnelles.

Nous consacrerons également une partie à l'affirmation de soi à l'écrit : comment éviter les principaux pièges du mail par exemple.

Enfin nous terminerons ce travail par un zoom sur nos relations avec nos clients et fournisseurs.

En résumé, nous tentons d'aborder ici un maximum de situations professionnelles dans lesquelles il est essentiel, pour soi et les autres, de s'affirmer, de se positionner.

Naturellement, comme nous le disions précédemment, vous ne trouverez pas de règles universelles pour obtenir une promotion dans les trente jours ! Mais un ensemble de conseils, de recommandations pour éviter les principaux pièges et professionnaliser vos échanges.

Bonne lecture…

Préambule

Pour Michel Lacroix[1], philosophe, écrivain et maître de conférences, s'affirmer c'est « faire preuve de courage relationnel. C'est oser dire non, donner son opinion sans agressivité ni violence ».

Partons de cette définition, proche de celle de l'assertivité. L'assertivité, en effet, est une attitude qui s'oppose à la passivité, l'agression et la manipulation.

1. C'est la capacité de l'individu[2] à :
- défendre ses idées dans le respect de celles des autres et sans complexe ;
- défendre ses droits sans chercher à empiéter sur ceux des autres ;
- prétendre à sa vérité personnelle, à ses propres idées, à ses propres goûts.

2. Être assertif, c'est donc :
- entretenir avec les autres des rapports fondés sur la confiance et non sur la domination et le calcul ;
- jouer cartes sur table sur la base d'objectifs clairement identifiés et affichés ;
- rechercher des compromis réalistes en cas de désaccord ;
- maîtriser son environnement ;

---
1. *Source* : psychologies.com : http://www.psychologies.com/article.cfm/article/2349/michel-lacroix-philosophe-s-affirmer-c-est-le-nouveau-courage.
2. Cegos, formation « Maîtrise et affirmation de soi : l'assertivité ».

S'AFFIRMER

- ne pas se laisser marcher sur les pieds ;
- être vrai, ne pas dissimuler ses sentiments ;
- être à l'aise dans le face à face ou en groupe ;
- n'être ni naïf, ni méfiant !

Partie **1**

SOYEZ CE QUE VOUS VOULEZ !

> « Les entreprises qui réussissent
> sont celles qui ont une âme. »
> (Jean-Louis Brault,
> président de GTM.)

Vous prenez peut-être de nouvelles fonctions dans la même entreprise, vous changez d'équipe, ou bien vous débutez votre carrière et au-delà de la technicité de votre métier, que vous maîtrisez, vous vous posez des questions sur la façon de réussir cette intégration.

Comment vous couler dans le moule tout en restant vous-même ? Comment ne pas blesser ou agresser, malgré vous, vos nouveaux collègues ou managers ?

Nous vous proposons de tester d'abord votre façon de vous glisser dans une nouvelle structure avant de réfléchir à vos prérogatives, puis à la façon de mettre en place des relations pérennes et constructives avec votre équipe, et enfin à comment mettre en place une autorité respectable et faire face aux potentielles situations sensibles.

Chapitre 1
Réussissez votre intégration

Nous vous proposons d'évaluer dans un premier temps votre méthode d'intégration, afin d'identifier par la suite des pistes d'action ou de réflexion.

Test : Comment vous intégrez-vous ?

Que ce soit dans une nouvelle équipe, un nouveau projet ou une entreprise, les premiers moments sont autant de tests. Ne les ratez pas !

Évaluez alors ci-dessous vos comportements professionnels en choisissant parmi les deux options celle qui est la plus proche de la vôtre.

Puis reportez les éléments dans le tableau final et comptez vos points.

1. Vous voilà dans les lieux, c'est votre premier jour de travail :
a) Vous attendez que le responsable RH ou votre manager vous accompagne.
b) Vous engagez la conversation avec l'autre personne qui est à l'accueil comme vous.

2. Vous entrez dans votre bureau :
a) Vous aménagez l'espace à votre manière, éventuellement vous posez la première photo !
b) Vous regardez dans les placards et tiroirs et vous attendez qu'on vienne vous chercher.

3. Une pile de dossiers est sur la table, c'est votre premier jour :

a) Vous regardez ces documents et commencez à prendre quelques notes.

b) Vous les posez de côté et allez chercher un café.

4. Votre téléphone sonne :

a) Vous décrochez et donnez votre nom.

b) Vous laissez sonner, personne ne vous connaît et vous ne connaissez pas les usages.

5. Vous décidez de découvrir votre entourage :

a) Vous sortez dans le couloir et marchez sans but précis.

b) Vous allez frapper à la porte d'à côté.

6. Le responsable ressources humaines (RRH) vous propose un tour des étages et des services :

a) Vous attrapez votre agenda et de quoi prendre des notes.

b) Vous le suivez simplement.

7. D'autres comme vous intègrent la société cette même semaine :

a) Vous les contactez pour vous organiser en une sorte de « promo ».

b) Vous notez leurs noms et téléphones et prendrez contact si nécessaire le moment venu.

8. Votre ordinateur est installé, vos mots de passe et mails sont opérationnels :

a) Vous allez sur le site Intranet de la société et cherchez des infos pratiques : cafet', parking, horaires, convention collective…

b) Vous envoyez un message à vos relations vite fait en donnant votre nouveau mail.

9. Parmi les documents qui vous ont été remis, il semble manquer un annuaire des téléphones internes et utiles :

a) Vous en faites la demande le jour même à votre RRH.

b) Vous ne dites rien tant que vous n'en avez pas réellement besoin.

10. **Pour les fournitures de ces premiers jours :**
a) Vous avez apporté tout ce dont vous aviez besoin.
b) Vous faites une demande à la DRH en charge de votre accueil.

COMPTEZ VOS POINTS

1		2		3		4		5		6		7		8		9		10	
A	B	A	B	A	B	A	B	A	B	A	B	A	B	A	B	A	B	A	B
0	1	1	0	1	0	1	0	0	1	1	0	1	0	1	0	1	0	0	1

résultat du test

Moins de 4 points
Vous êtes discret lors de votre intégration, trop peut-être. Vous n'osez pas déranger, ce qui peut être à votre honneur, mais n'allez-vous pas perdre du temps par la suite ? Faites vos demandes, positionnez-vous un peu plus afin de marquer votre présence.

Entre 4 et 7 points
Vous savez demander ce dont vous avez besoin, c'est bien ; et vous prenez des initiatives à bon escient. Vous êtes de nature confiante, en vous et dans les autres. Gardez cette distance avec vos collaborateurs pour une bonne intégration.

Vous avez plus de 7 points
Vous êtes cordial, facile d'accès, simple dans votre rapport aux gens. Vous avez un besoin, vous l'exprimez facilement et ce nouvel environnement ne vous effraye pas. Dans un sens c'est bien, mais attention à ne pas bousculer un système installé, à ne pas passer pour le boute-en-train ! Mettez peut-être un peu de distance.

Identifiez vos champs d'action et prérogatives

DEMANDEZ QUE SOIENT DÉFINIS CLAIREMENT DES OBJECTIFS DE TRAVAIL

Faites préciser, par votre manager, vos objectifs et missions, même si vous êtes embauché en milieu d'année, afin de permettre une évaluation objective de votre activité. Sachez, pour ce faire, demander un entretien d'objectifs à votre manager dans les premiers jours de votre présence dans l'entreprise ; et ce, même si vous ne connaissez pas encore tous les tenants et aboutissants de votre fonction. Vous pouvez demander, d'ailleurs, la fiche de fonction qui a été établie au moment de l'embauche ou vous munir de l'annonce initiale de recrutement. C'est un point important pour vous affirmer en douceur.

En effet, non seulement vous saurez à quoi vous en tenir sur votre liberté d'action, mais encore vous aurez la latitude d'expliquer à vos collègues et collaborateurs, ce positionnement qui sera le vôtre. S'affirmer commence par se positionner dans une organisation professionnelle, dans un organigramme, parmi des équipes.

AVOUEZ QUE VOUS NE SAVEZ PAS !

Sauf si vous travaillez au Japon, où avouer son ignorance revient à prendre le risque de se faire mettre sur la touche, n'hésitez pas à avouer votre incompétence ponctuelle sur une question. Et ce, que vous soyez débutant ou non.

En effet, il sera plus rassurant pour votre entourage de constater que si vous ne savez pas vous cherchez la réponse, plutôt que de penser que vous faites tout, tout seul, sans demander à personne la moindre aide… au risque de vous tromper lourdement. « Afficher ses faiblesses, c'est affirmer ses forces ! » Lorsque votre entourage aura acquis cette confiance en vous dans les moments où vous ne « savez » pas… il vous accordera la sienne quand vous « saurez ».

DEMANDEZ DES ENTRETIENS D'ÉVALUATION « QUINZOMADAIRES »

Afin de faire le point sur l'avancée de vos projets et votre intégration au sein de l'équipe ou de l'entreprise, proposez à votre manager des rendez-vous formels d'évaluation, tous les quinze jours au début.

Être évalué, c'est être capable de se remettre en cause. C'est aussi éviter de se faire surprendre en restant maître de la situation. En effet, si votre manager doit vous faire des commentaires délicats, il vaut mieux qu'il vous les fasse tout de suite plutôt qu'il n'attende que la situation se dégrade et que les conséquences s'alourdissent. Cette faculté que vous aurez à solliciter les feed-back vous positionnera comme quelqu'un de fiable, d'attentif… et de professionnel.

Valorisez vos compétences et votre savoir-être

En tant que « nouveau » ou dernier arrivé, vous avez sûrement envie de vous faire bien voir et apprécier de tous. C'est légitime. Pour ce faire, vous allez vous rendre disponible, certes, et vous enquérir auprès des uns et autres de ce qu'ils font et ce qu'ils sont… mais sachez garder quelques distances professionnelles.

DEMANDEZ À ÊTRE PRÉSENTÉ À L'ÉQUIPE

Vous voilà dans les murs et vous intégrez une équipe. Demandez à être présenté lors de la première réunion de service par exemple. Préparez une présentation de vous-même en deux minutes afin d'être sûr de ne pas déraper lors de ce premier contact. Pas de discours fleuve ! Rédigez une page de présentation, apprenez-la par cœur… testez votre temps de parole.

Mais demandez aussi que chacun se présente. Vous pourrez commencer à mettre des noms sur des visages, des fonctions, et éventuellement identifier ceux avec lesquels vous serez très rapidement amené à travailler. Vous « lirez » ou décrypterez également dans ces premiers échanges les relations établies entre les uns et les autres !

S'affirmer c'est se positionner, et ce dans un système existant…, avec ses usages et ses codes, ses implicites et non-dits.

SOIGNEZ VOTRE RELATIONNEL

Pour un manager, l'équipe constituée sera une priorité. C'est donc à vous de vous couler dans le moule. Questionnez sur les usages dans l'équipe, dans l'entreprise, sur la culture : horaires, habillement, repas, pots… Déjeunez avec les collègues qui vous le proposent. Pour autant, ne tombez pas immédiatement dans le copinage. Si vous êtes trop à l'aise, vous vous confierez trop… vous pourrez déranger ou inquiéter. Sachez garder une distance, courtoise et cordiale, mais professionnelle. Évitez par exemple de passer soirées et week-ends avec les collègues, en tout cas dans un premier temps. Donnez-vous le temps de réellement voir ceux avec qui vous pourrez passer des bons moments en séparant travail et amitié. Ne soyez pas tout feu tout flamme au départ au risque de déchanter par la suite.

RESTEZ EN DEHORS DES HISTOIRES NON PROFESSIONNELLES

Puisque vous garderez une distance professionnelle avec vos collègues, vous saurez vous préserver des classiques histoires de clans et guerres internes. Ne quémandez surtout pas des avis sur des gens. Demandez poliment à celui qui veut vous en donner de force de bien vouloir vous laisser vous faire votre propre jugement. Il est important de ne pas entrer dans les clans… vous pourriez entrer dans le « mauvais » et dans le pire des cas vous trouver dans de terribles porte-à-faux.

SOIGNEZ VOTRE LANGAGE

Bannissez de votre langage les expressions familières et par trop amicales. Si vous gardez l'habitude de parler gentiment et sérieusement à vos collègues (ce qui n'empêche pas de rire !) vous vous intégrerez rapidement. La trop grande familiarité dans les expressions peut vous amener sur le terrain de l'ironie, du dénigrement, de l'humour au second degré... et tout le monde ne partage pas ce goût-là !

Vous constaterez aussi que toutes les structures disposent de leur charte verbale. Identifiez les mots clés de la vôtre : comment parle-t-on des réunions, des dossiers, des clients, des affaires, des services..., afin d'éviter les blagues douteuses sur les mots employés... En effet une mauvaise blague sur un mot clé d'usage dans l'entreprise peut être très mal vécue.

RESTEZ SEREIN

Vous prenez cette nouvelle fonction et votre employeur ou manager n'a pas envie d'avoir investi tout ce temps de recherche pour rien : il ne souhaite pas vous voir partir et recommencer sa recherche. Aussi restez serein, vous n'êtes pas en terrain miné ; nul ne tente de vous piéger, vous n'êtes pas espionné...

OUVREZ VOS OREILLES PLUTÔT QUE VOTRE BOUCHE

Écoutez ce qui vous est expliqué et par qui. Au-delà de l'explication, repérez où sont les expertises dans l'entreprise. Vous pourrez ensuite plus vite trouver les informations pointues vous manquant sur tel ou tel sujet. Mais surtout gardez les commentaires pour vous : vous n'êtes pas d'accord avec quelqu'un, vous trouvez que cette personne manque de clarté... gardez votre avis. D'une part, vous pouvez vous tromper ! Et d'autre part, il n'est pas positif de paraître donner des leçons ou d'être dans le jugement ; cela est vrai d'ailleurs même en dehors de toute période d'intégration. Restez intègre !

RESPECTEZ LES USAGES

Les usages sont autant de codes dans les entreprises. Le service déjeune ensemble... ne le fuyez pas sous prétexte que vous aimez vous isoler à midi. Choisissez alors un jour dans la semaine où vous prendrez votre repas hors du bâtiment.

Le vouvoiement est de rigueur avec tel groupe de personnes... adaptez-vous. Il sera temps de modifier ces habitudes après, mais au début n'hésitez pas à questionner les collègues les plus proches sur ce genre de piège, afin de ne pas tomber dedans.

Idem pour les parkings, ascenseurs et autres « messages » implicites...

SOYEZ PONCTUEL

La ponctualité est essentielle. Que vous habitiez loin ou non, cela ne regarde que vous. Mais donnez tout de suite l'image de la personne fiable qui s'organise en conséquence et pas l'image désastreuse de celle qui subit les aléas topographiques : « Je suis venu à vélo et je ne pensais pas que c'était aussi loin... ou que cela montait tant ! »

NE JAMAIS « RIEN FAIRE » !

Au démarrage, vous pouvez avoir l'impression d'être désœuvré quelques fois. Ne restez pas sans rien faire ! Soit vous signalez la fin de la tâche confiée à votre manager et demandez les consignes suivantes. Cela est surtout valable si vous êtes débutant. Soit vous assurez des recherches complémentaires sur Internet, vous vous rendez dans la salle de documentation pour feuilleter les anciens journaux internes ou les articles publiés... Bref, ne restez pas les bras ballants !

Partez à la bonne heure !

Dans les usages, il y a aussi les horaires affichés, les horaires réels, ceux de votre manager, ceux de vos collègues. La question est ardue. Partir le premier le soir, alors que vous avez fini et que cela vous semble légitime, mais que tout le monde semble concentré... ou rester pour faire comme les autres... Le mieux est encore de poser la question ouvertement à votre manager. Vous avez fini en fin de journée, demandez-lui s'il pense avoir besoin de vous pour quelque chose... sinon vous envisagez de partir... en clair, il s'agit de montrer que vous êtes disponible, tout en respectant vos contraintes et horaires personnels...

Endossez l'habit... mais sans trop !

Le code vestimentaire est également très implicite. Les collaborateurs sont-ils en jean décontracté toute la semaine ou le vendredi... les jeunes femmes en tailleur ou en pantalon... regardez bien. Et encore une fois adaptez-vous. Il ne s'agit pas comme dans certains cabinets de consulting anglo-saxons de foncer acheter le costume B ou la jupe C avant la fin de la première semaine... mais portez ce qui dans votre garde-robe se rapproche le plus du look local. Entrez dans ce moule... et de toute manière, même si tout le monde porte le jean, devant des clients, il vaut mieux être un peu plus « chic et classe » et faire la différence dans le bon sens. N'oubliez pas qu'il vous reste à faire vos preuves...

Comment valoriser vos compétences ?

Pas facile de faire savoir ce que l'on sait faire ! Le mieux est encore de participer de manière concrète aux réunions et de faire des propositions. Ne dites pas : « Je sais faire ça... », mais : « La dernière fois que j'ai dû résoudre ce point, j'ai mis en place telle action... cela a coûté tant et ensuite les résultats ont été les suivants... » Tout de suite vous mettre dans l'opérationnel et l'action.

Bref, une prise de fonction est le moment idéal pour, à la fois découvrir un nouvel horizon et questionner en ayant le « droit implicite » de le faire... Donc ne vous inquiétez pas de cette période présentée comme à risques car franchement, si vous êtes fait pour le poste, vous vous y positionnerez facilement et pourrez affirmer votre compétence.

Appréhendez la culture de votre entreprise

Attention à vous positionner dans l'organisation, sans prendre les armes ou tenter de révolutionner ce nouvel univers qui jusque-là fonctionnait sans vous !

PRENEZ VOTRE POSTE SANS LES ARMES !

Ne vous lancez pas dans la révolution et ne tentez pas de changer les façons de faire de l'entreprise, même si vous observez quelques dysfonctionnements. Commencez par vous familiariser avec votre poste. Impliquez-vous dans votre travail, accomplissez les missions qui vous sont confiées dans le respect de la culture et des usages en vigueur. Cependant, si certaines façons de fonctionner pouvaient être améliorées, n'hésitez pas à proposer. S'affirmer, c'est bien se donner le droit de s'exprimer. Mais surtout mettez les formes ! N'allez pas faire un travail de sape et de critique systématique... visez l'amélioration, la recherche de solutions.

DEMANDEZ UN TUTEUR

Si votre manager ne dispose pas de beaucoup de temps à vous consacrer, proposez-lui de vous identifier ou nommer un tuteur amical en dehors de l'équipe. Son rôle sera de répondre une fois par semaine ou tous les quinze jours (si vous souhaitez la formalisation des échanges) à vos questions. Il vous aidera à trouver une information, ou la personne qui saura vous la donner, vous évitera des impairs parfois regrettables. Cette requête pourra surprendre votre manager, mais l'intéressera sûrement : elle démontre, en effet, des capacités d'adaptation et d'écoute importantes. Et les anciens sont des mines d'or dans les entreprises…

QUESTIONNEZ ET OBSERVEZ

La phase d'intégration est une période facile pour le questionnement. Tous vos collègues concevront le fait que vous recherchez des informations, que vous cherchez à comprendre, à vous adapter. Et il y a certainement des questions qui sont acceptables au début justement et qui risqueraient de surprendre après six ou huit mois dans l'entreprise. Alors ne vous privez pas de cette opportunité. Mais, là encore, dans votre questionnement faites preuve de discernement… ne harcelez pas toujours les mêmes personnes et surtout évitez de poser les mêmes questions à des personnes différentes. On pourrait alors facilement vous reprocher de chercher des vérifications !

Il s'agit dans cette démarche d'intégration de vous positionner et de vous affirmer comme un professionnel et non comme un empêcheur de tourner en rond !

- Faites-vous accompagner.
- Ne prenez pas les armes, soyez constructif.
- Appréhendez la culture (explicite et implicite) de votre entreprise ou de votre équipe.

Chapitre 2
Établissez des relations efficaces avec votre hiérarchie et vos collaborateurs

Certains ne supportent pas d'être encadrés... alors que d'autres, au contraire, ont besoin d'une forme de soutien, d'encouragement, pour réaliser une tâche alors même qu'ils la maîtrisent parfaitement. Qu'est-ce qui fait la différence entre ces personnes ?

Et si on regarde le fonctionnement des managers, la réflexion peut être menée de la même manière. Certains vous donnent des consignes et vous laissent la bride sur le cou alors que d'autres vont vouloir « pister » tous vos faits et gestes...

Deux paramètres entrent en vigueur ici : votre niveau d'autonomie technique et votre autonomie relationnelle.

L'autonomie technique est celle que chacun d'entre nous assume dans la réalisation quotidienne ou plus exceptionnelle de sa tâche et de ses missions.

L'autonomie relationnelle est le degré de dépendance affective de chacun d'entre nous pour travailler dans de bonnes conditions psychologiques.

Quels sont alors ces différents niveaux d'autonomie technique et relationnelle qui aident ou paralysent nos actions et comment s'adapter ou s'affirmer face à des collaborateurs ou managers qui fonctionnent différemment ?

Test en vingt questions : identifiez vos niveaux d'autonomie

Dans le test ci-dessous, choisissez une réponse, et une seule, par question, puis encadrez les réponses dans le premier tableau afin de faire vos comptes dans le second.

1. Un collègue est passé devant vous ce matin sans vous saluer :
a) Vous lui apportez le café.
b) Vous êtes inquiet, ce n'est pas sa façon de faire.
c) Autant de temps de gagné !
d) Vous aurez le temps de lui parler plus tard.

2. Une réunion a eu lieu ce vendredi. Vous étiez absent :
a) Vous attendez qu'on vous en parle.
b) Pourvu que rien de nouveau ne vous tombe dessus.
c) Vous allez chercher de l'information auprès d'un collègue.
d) Vous récupérez des infos sur le sujet… sur Internet.

3. Votre voiture est en panne ce matin :
a) Vous prenez un taxi, on vous remboursera.
b) Votre conjoint vous accompagne.
c) Vous prenez les transports en commun, tant pis si vous êtes en retard.
d) Vous appelez un collègue qui n'habite pas loin.

4. On vous confie un nouveau projet :
a) Vous êtes déjà surchargé. C'est impossible. En plus, vous n'y connaissez rien.
b) OK, c'est nouveau et je n'y connais rien, mais je vais apprendre.
c) Top… je fonce. Je devrais savoir faire.
d) Pourquoi pas ? mais il faudra vous aider, car vous n'y connaissez rien.

5. Une réunion qui vous intéresse a eu lieu :
a) Vous allez voir votre meilleur ami et le questionnez.
b) Vous questionnez votre manager.

c) Vous vous renseignez auprès d'un collègue proche qui y a assisté.
d) Vous avez d'autres choses à faire pour le moment.

> **6. Une nouvelle procédure va être mise en place. Vous vous dites :**

a) Bon, ils ont sûrement des raisons.
b) On a sûrement des moyens de la contourner !
c) Pourvu que je ne sois pas concerné !
d) Encore. Il faudra faire avec…

> **7. Samedi en ville, vous apercevez un collègue… :**

a) Vous faites un signe de la main, chacun poursuit son chemin.
b) S'il vous voit, vous allez l'un vers l'autre et discutez.
c) Vous vous déroutez pour le saluer et saluer sa famille.
d) Vous évitez de le rencontrer, vous êtes en famille.

> **8. Un nouveau collègue intègre l'équipe :**

a) Vous vous en réjouissez et l'accueillez de suite. Vous lui donnez votre téléphone personnel en cas de question.
b) Vous déjeunez avec lui.
c) Vous vous présentez et attendez la réunion pour aller plus loin.
d) Vous attendez la réunion hebdomadaire pour faire connaissance.

> **9. Une conversation dans le couloir. Vous arrivez. Ils se taisent :**

a) C'est sûr, ils parlaient de vous ! Vous vous inquiétez.
b) Vous accélérez le pas.
c) Vous êtes touché. Mais vous intégrez le groupe.
d) Vous vous excusez et passez votre chemin.

> **10. Vous allez travailler avec un autre manager, en plus du premier :**

a) Vous tentez de savoir comment « il est » auprès de vos amis et collègues.
b) Vous demandez à votre chef actuel de « plus » vous mobiliser. Vous ne souhaitez pas changer.
c) Vous vous présentez dès que l'occasion est là.
d) De toute manière, cela ne changera rien pour vous.

11. De vous les collègues disent… :
a) Fiable et autonome.
b) Serviable et consciencieux.
c) Adorable et disponible.
d) Courtois et fonceur.

12. Votre équipe déménage :
a) Un changement… chouette !
b) Vous êtes bien ici… et espérez avoir aussi bien.
c) Vous envisagez le déménagement pour ne rien perdre.
d) Quelle perte de temps… vous ne prenez que l'essentiel avec vous !

13. Réunion de travail hebdomadaire pour le service :
a) Vous demandez combien de temps elle dure.
b) Vous apportez les croissants, pour mettre de l'ambiance.
c) Vous apportez les nouvelles du jour et des autres équipes.
d) Vous apportez les points, ordre du jour et résultats de l'entreprise.

14. La direction informatique équipe les salariés de PC portables… :
a) Vous êtes inquiet et vous vous renseignez sur les autres changements envisagés.
b) L'informatique est votre bête noire. Comment allez-vous faire ?
c) Cela vous permettra de travailler ailleurs et en particulier chez vous !
d) Vous planifiez une formation…

15. Votre bureau… :
a) Des photos de la famille. Des plantes.
b) Nickel. Rien ne traîne. Placard fermé à clé.
c) Des objets promotionnels de l'entreprise. Un calendrier publicitaire.
d) Des affiches de l'entreprise. Des blagues des collègues.

16. Vous recevez un prix devant tous les collègues du département… :
a) Vous êtes heureux et préparez un mini-discours par écrit.

b) Vous n'y croyez pas et stressez à l'idée de devoir parler devant tout le monde.
c) Vous répétez ce que vous direz à l'oral. En pensant à votre équipe.
d) Vous envoyez un collègue à votre place.

17. Une table à la cafétéria. Il reste une place parmi des gens que vous connaissez bien et d'autres pas :
a) Vous ne prenez qu'un sandwich devant le PC.
b) Vous êtes troublé, hésitez et allez vous mettre plus loin.
c) Vous vous approchez et proposez de rejoindre le groupe.
d) Vous faites un signe de la main, pour prendre cette place.

18. Les transports sont bloqués et c'est la troisième fois de la semaine :
a) Vous prévenez que vous serez en retard ; vous travaillez pendant la route. Ce n'est pas un grand problème.
b) Cela vous rend malade. Car vous adorez votre collègue et vous savez que vous le mettez dans une situation délicate : il fera des choses à votre place.
c) Vous êtes stressé, mais ne pouvez pas faire grand-chose. Vous expliquerez.
d) Vous rentrez chez vous et travaillez depuis votre appartement.

19. Un pot de départ ce soir, vous vous dites… :
a) Vous y allez avec plaisir parce que c'est… untel.
b) Vous êtes ravi de retrouver tous les amis. Vous finirez la soirée ensemble.
c) Vous n'allez pas aux pots de départ.
d) Vous y allez faire un saut quelques minutes après les discours.

20. Vous voulez demander un service à votre manager :
a) Vous hésitez et cherchez toutes les autres options.
b) Vous demandez conseil à un autre collègue.
c) Vous formulez la demande de façon simple.

Établissez des relations efficaces avec votre hiérarchie et vos collaborateurs

d) Vous faites comme bon vous semble... et envoyez un mail pour informer *a posteriori*.

Encadrez dans le tableau ci-dessous vos réponses.

	A	B	C	D
1	R2	R1	R4	R3
2	T2	T1	T3	T4
3	R4	R1	R3	R2
4	T1	T3	T4	T2
5	R1	R3	R2	R4
6	T3	T4	T1	T2
7	R3	R2	R1	R4
8	T1	T2	T3	T4
9	R1	R4	R2	R3
10	T2	T1	T3	T4
11	R3	R2	R1	R4
12	T3	T1	T2	T4
13	R4	R1	R2	R3
14	T2	T1	T4	T3
15	R1	R4	R3	R2
16	T2	T1	T3	T4
17	R4	R1	R3	R2
18	T3	T1	T2	T4
19	R2	R1	R4	R3
20	T1	T2	T3	T4

Faites vos comptes.

R1	R2	R3	R4	T1	T2	T3	T4

Faites connaissance avec vous-même en lisant les analyses ci-après.

Comprenez et acceptez vos fonctionnements

Il n'y a pas de bons ou de mauvais fonctionnements ou niveaux. Il y a simplement des interactions qui s'établissent dans les équipes et les écarts de niveaux peuvent provoquer des malaises, des mal-être, des dissensions, car les uns et les autres ne vont pas « attendre » la même chose des relations avec les collègues. Il est donc nécessaire de comprendre comment vous fonctionnez et peut être d'identifier comment fonctionnent certains de vos collègues pour adopter un comportement – ponctuellement – différent pour améliorer les échanges et donc les conditions de travail de tous.

LES QUATRE NIVEAUX D'AUTONOMIE DANS LA RELATION

L'Ami, niveau R1 : NOUS

Le « collègue ami » est un dépendant affectif. Vous avez besoin de bien vous entendre avec vos collègues pour bien travailler avec. Vous racontez vos vacances et vous intéressez sincèrement aux vacances des autres. Émotif et attentionné, vous prenez soin des autres, rendez des services, aussi bien dans le registre professionnel qu'amical. Vous êtes très sensible et, si un collègue ne dit pas bonjour un matin, vous allez sans doute vous inquiéter et culpabiliser ! Bref, vous ne faites que peu, voire pas, de frontières entre le travail et la vie privée. Vous invitez vos collègues facilement et connaissez leur vie de famille. Vous investissez beaucoup les relations professionnelles.

Vos points faibles

Votre motivation et votre entrain vont dépendre des relations établies et un collègue avec lequel vous ne vous entendez pas pourrait vous rendre la vie au travail particulièrement pénible. Vous avez tendance à trop vous confier. Vous ne savez pas gérer les conflits, les craignez.

Vos points forts

Justement, vous vous défoncez quand vous êtes « bien »... Vous êtes une oreille attentive pour les autres.

Mot clé : NOUS.

Le Copain, niveau R2 : TOI

En tant que collaborateur, ou manager « copain », vous craignez aussi les conflits et éventuellement ne savez pas les gérer. Vous attendez qu'on vous parle avec déférence et gentillesse, mais vous accepterez des excuses. Émotif, vous vous enquérez des autres mais savez quand même garder une distance et les secrets ne franchissent pas vos lèvres ou vos oreilles. Pour vous, il est important de bien s'entendre pour bien travailler, mais vous savez aussi gérer la distance et restez alors très courtois.

Vos points faibles

Vous pouvez accorder votre confiance puis revenir en arrière. Vous avez besoin de relations de confiance avec les personnes pour travailler avec.

Vos points forts

Justement on peut compter sur vous. Il ne faut pas vous trahir, c'est tout.

Mot clé : TOI.

Le Collègue, niveau R3 : LUI

Vous vous connaissez, c'est bien, vous respectez les autres et leur demandez de leurs nouvelles, mais n'instaurez pas de relation de dépendance. Vous êtes dans une relation d'interdépendance avec eux et vous gérez vos différends entre adultes avec respect et confiance. Vous êtes dans un registre de professionnel à professionnel et n'avez pas besoin de plus.

Vos faiblesses

Vous ne savez pas toujours prêter une oreille attentive et attentionnée aux autres ; mais s'ils vous formulent une demande vous savez vous rendre disponible. Vous n'anticipez pas, c'est tout.

Vos points forts

Vous invitez et incitez les autres à chercher les solutions eux-mêmes... Vous êtes confiant dans le fait que vos relations vont vous permettre de bien travailler ensemble.

Mot clé : LUI.

L'Autre, niveau R4 : EUX/MOI

Il sait votre nom, vous savez le sien, mais il est inutile d'en savoir plus l'un sur l'autre. Vous ne devez que travailler ensemble, pas besoin de s'échanger plus de détails qui pourraient nous perturber. D'ailleurs, vous avez toujours banni de vos relations personnelles tous vos collègues de travail. Il a des enfants et des contraintes personnelles, vous ne souhaitez pas les connaître. Et d'ailleurs, ils ne doivent pas empiéter sur votre mission. De votre côté, vous préservez votre vie privée, ne dites rien, n'échangez rien. Votre téléphone mobile est débranché quand vous êtes chez vous et vous êtes sur liste rouge.

Vos points faibles

Vous ne vous intéressez aux autres qu'à travers leurs missions et ne souhaitez surtout pas être pollué par les interactions personnelles. Vous passez pour un froid. Vous assumez.

Vos forces

Vous êtes un leader, vous menez des projets avec distance et objectivité, vous ne vous laissez pas dominer par vos émotions. Elles ne font pas partie de votre cadre de travail et souvent d'ailleurs vos objectifs professionnels sont prioritaires et rien ne peut troubler la réalisation de vos missions.

Mots clés : EUX – MOI.

LES QUATRE NIVEAUX D'AUTONOMIE DANS LA TÂCHE

Mais si nous évaluons ainsi quatre niveaux de dépendance ou d'indépendance – selon l'angle de vue ! – dans la relation, les mêmes évaluations peuvent être conduites dans la relation à la tâche.

Niveau T1 : le soucieux

Mot clé : je ne sais pas/je ne souhaite pas.

Attitude : attentiste.

Si vous êtes soucieux, vous ne faites pas le lien entre vos connaissances et les tâches à mener, ou comment utiliser vos savoirs pour mener à bien des missions. Une fois que l'on vous a expliqué comment faire, vous êtes appliqué et méticuleux. Cependant, vous ne tentez pas de faire différemment, par crainte de vous tromper ou tout simplement vous ne vous donnez pas le droit de modifier quelque chose, un usage…

Vos faiblesses

Vous proposer une formation ou un changement génère chez vous un stress important. Vous devez évoluer à votre rythme, d'ailleurs ce n'est pas une fin en soi pour vous. Les autres peuvent vous voir comme quelqu'un qui veut en faire le minimum…

Rares sont les managers « soucieux ».

Vos points forts

On peut compter sur vous pour les horaires, vous êtes fiable. Quand vous connaissez une tâche vous la faites très bien.

Niveau T2 : le besogneux

Mot clé : je ne suis pas sûr/je veux bien.

Attitude : ouverte.

Vous vous intéressez à ce qui est nouveau et êtes facilement volontaire dès lors que les consignes sont claires et que vous comprenez ce que l'on attend de vous. Vous êtes de bonne volonté, mais s'il vous manque une information, vous hésitez à demander de l'aide, ou à déranger les autres. Une formation proposée ? Vous sautez sur l'occasion.

Vos points faibles

Sans doute un manque d'initiatives pour passer au stade « autonome ».

Vos points forts

Une bonne volonté évidente et une ouverture face à la nouveauté.

Niveau T3 : l'autonome

Mot clé : je pense savoir faire/je veux faire

Attitude : prend des initiatives.

Autonome dans le travail, vous prenez des initiatives, savez utiliser vos compétences et affrontez le challenge avec confiance. Vous savez chercher les informations qui vous manquent et n'hésitez pas à demander des conseils et de l'aide, tant à vos managers qu'à vos collaborateurs. Vous êtes force de proposition et semblez peu émotif dans votre travail.

Vos points faibles

Votre envie justement de changer régulièrement et d'innover vous fait mettre la pression sur vos collègues !

Vos points forts

Votre capacité à prendre des initiatives et à proposer des solutions ; votre confiance tant en vous qu'en l'équipe.

Niveau T4 : le fonceur

Mot clé : je fais !

Attitude : fonce !

Fonceur, vous n'avez peur de rien ni de personne. Vous avez des idées, les trouvez bonnes, avez confiance en vous et les mettez en place. Passionné, vous êtes un moteur dans l'entreprise : vous avez une énergie à revendre et rien ne vous arrête, aucun obstacle ne peut se mettre en travers de votre route.

Vos points faibles

Vous jouez solo quand on vous résiste et vous pouvez mettre une pression colossale sur des collègues et déstabiliser une petite structure.

Vos points forts

Votre ténacité et votre confiance peuvent faire de vous un leader incontesté. Vous innovez en permanence.

Que faire avec et pour eux ?

Naturellement connaître ses propres fonctionnements et identifier ceux des autres est intéressant dans une démarche d'amélioration des relations et dans le but de mieux travailler ensemble. Alors comment faire pour s'affirmer et bien travailler avec ces différentes personnalités ?

FACE À L'AMI

Soyez bienveillant et accueillez ses sentiments comme des marques de confiance. Mais pour ne pas vous faire envahir bureau et espace-temps par cette « gentille » personne, cadrez les moments que vous lui accordez : proposez-lui de parler des vacances à un moment qui ne dérange pas votre organisation. Mais que ce soit un manager, un collaborateur ou un collègue, dites-vous que si vous n'investissez pas quelques minutes par jour dans cette relation, c'est toute la collaboration qui peut en souffrir. En revanche, évitez tout échange de service à caractère personnel qui induira pour cette personne une autre nature de relation que la simple relation professionnelle que vous souhaitez peut-être !

FACE AU COPAIN

Pas de coup tordu avec celui qui établit des relations de copinage. Vous voulez rester juste professionnel, alors évitez le tutoiement, bannissez les échanges personnels tout en gardant une cordialité de bon aloi. Demandez-lui son opinion pour des sujets professionnels et évitez de rentrer dans les échanges personnels.

FACE AU COLLÈGUE

Il est facile de collaborer avec un collègue quand soi-même on est sur ce registre-là. La relation établie est qualifiée d'interdépendante. Chacun sait ce qu'il peut attendre de l'autre et n'investit pas la relation dans son aspect personnel. Mais si vous êtes justement dans un des registres étudiés juste au-dessus, vous pouvez vous trouver en souffrance. Dites-vous que ce comportement n'est pas contre vous mais avec tous, il faut l'accepter comme tel et garder soi-même une certaine distance.

FACE À L'AUTRE

L'indifférence quotidienne montrée par « l'Autre » peut être troublante au début. Mais comme dans le cas précédent, il faut se dire que c'est une attitude qui sert à cette personne et qu'en aucun cas elle n'est en particulier dirigée contre vous.

Laissez venir, gardez cette distance car plus vous tenterez de forcer le passage, plus cette attitude se renforcera et vous serez alors l'objet de l'éloignement... alors que ce n'est pas le cas en ce moment !

Et, dans le rapport à la tâche ou à la mission, il est aussi nécessaire de s'adapter soit au comportement de ses collègues soit à celui de son manager !

FACE AU SOUCIEUX

Votre manager est « de type soucieux » ? C'est rare. Mais dans cette hypothèse, il faut en permanence le rassurer sur vos idées et vos initiatives et surtout ne rien lancer avant qu'il soit d'accord... mais pour lui ce sera dur !

Un de vos collaborateurs se comporte comme un soucieux ? Accompagnez-le, rassurez-le. Dites-vous que c'est une personne qui ne peut pas évoluer vite ou beaucoup... et peut-être qu'elle ne le souhaite pas du tout. Alors ne projetez pas pour elle, et, sur elle vos envies d'évolution, respectez sa façon de vivre et confiez-lui des missions qu'elle mènera à bien, avec minutie, même si ce sont les mêmes depuis des mois... justement, c'est ce qui la rassure !

FACE AU BESOGNEUX

Votre manager est un « besogneux », rassurez-le. Si vous allez trop vite pour lui vous allez le mettre sous stress et la collaboration ne sera pas forcément plus simple ! Indiquez-lui les étapes de vos démarches, les contrôles, les points de validation. Expliquez-lui les enjeux et comment vous pensez faire...

Un de vos collaborateurs est besogneux ? Pareil. Il faut le rassurer et lui proposer des points de situation réguliers, ne jamais le laisser dans le vide, il serait paniqué. Et surtout retenez qu'il ne prend pas beaucoup d'initiatives.

FACE À L'AUTONOME

L'« autonome » est un adulte ! Il est facile de travailler avec lui si vous-même êtes sur ce registre. Vous établissez les règles de travail au départ du projet et ensuite chacun travaille de son côté en sachant pouvoir compter sur les conseils de l'autre. Vous savez pouvoir le solliciter et la réciproque est vraie également. La confiance est établie… Le mode de management à utiliser ici est de nature démocratique.

FACE AU FONCEUR

Vous êtes vous-même fonceur ? Tout va bien. Il vaut mieux alors que vous dirigiez tous les deux une PME, version start-up à la très forte concurrence, sur un marché en pleine croissance. Vous allez exploser le marché.

Mais dans une hypothèse plus réaliste où vous êtes vous-même sur le registre de l'autonomie et votre manager est un fonceur : demandez des points de situation, faites des écrits, car il va changer d'idées toutes les minutes et pourrait bien vous embarquer dans des « galères » sans nom !

Si vous êtes un fonceur et que votre collaborateur est « autonome » : respectez cette façon de faire. Tout le monde ne peut pas fonctionner comme vous. Mettez en place des règles de collaboration en accordant un temps nécessaire aux échanges avec ce collaborateur afin qu'il bénéficie des soutiens et renseignements nécessaires à sa tâche.

Bref, face à un fonceur, manager ou collaborateur, il faut cadrer les missions des uns et des autres pour éviter les envolées lyriques !

Vous l'aurez compris il faut ensuite croiser les matrices d'autonomie dans la relation et dans la tâche.

Établissez des relations efficaces avec votre hiérarchie et vos collaborateurs

Tâche / Relation	T1 Soucieux	T2 Besogneux	T3 Autonome	T4 Fonceur
R1 AMI	Inquiet et émotif. Ne prend pas d'initiative. Veut être aimé pour travailler. Ne veut pas évoluer. Il est bien où il est. Peut paraître envahissant.	Émotif et sensible. Est appliqué quand il est guidé. Ne prend pas beaucoup d'initiatives.	Émotif et sensible. Sera motivé par un environnement amical dans le travail. Peut paraître d'autant plus envahissant qu'il est autonome.	Se défonce quand il adore son manager. Peut avoir des états d'âme. Lâche prise si on le lâche.
R2 COPAIN	Amical. Panique s'il pense ne pas savoir faire. Veut être soutenu. Ne prend pas d'initiative.	Prend peu d'initiatives. Veut être soutenu. Est appliqué quand il sait faire et se sent apprécié. Peut lâcher prise si ne se sent pas en confiance.	Courtois et amical mais gère sa mission facilement. Sait demander de l'aide en cas de besoin. Prend des initiatives.	S'amuse dans son travail. Un peu rebelle. S'éclate sur les nouveaux projets. Peut lâcher prise facilement car émotif.
R3 COLLÈGUE	Excellente relation avec tous mais sans confiance en lui et dans les autres. Sur-contrôle ses actions. Ne prend pas d'initiative.	Bonnes relations, très appliqué. Dès qu'il sait faire, va progresser.	Facile et autonome, il demande et progresse. A confiance en lui et dans les autres. Délègue facilement.	Délègue peu, fonce sur les projets. Oublie parfois d'informer mais sans mauvaise intention.
R4 AUTRE	Son travail est alimentaire et ne l'intéresse pas. Les collègues non plus. Il ne veut pas évoluer.	Pas intéressé par son environnement humain. Est très appliqué à sa tâche. Veut la mener à bien. N'a pas très confiance en lui.	Ne tient pas compte de son environnement humain. Mène son travail comme un grand projet. Informe peu les autres.	Ne souhaite pas déléguer. N'informe pas car c'est une perte de temps. Il garde le pouvoir sur ses missions. Rien ne l'arrête, ni les autres ni les budgets !

Un tel tableau n'a pas pour vocation de mettre les managers et collègues dans des cases, mais de tenter de comprendre les fonctionnements et attentes des uns et des autres, afin de mieux travailler ensemble.

Il faut donc identifier les besoins des uns et des autres et se donner des cadres pour satisfaire ses propres besoins… l'ambiance n'en sera que meilleure, la productivité améliorée…

Utilisez les mots magiques

Enfants, nos parents nous « cassaient les pieds » avec les « mots magiques »… cela ne vous dit rien les mots magiques ? Les « merci », « s'il vous plaît » et « pardon »… et on ajoutera ici « bravo » ! Nous y voilà. Et nous sommes adultes, managers, et fini les mots magiques ! Nous sommes des grands, ils ont disparu de notre langage… seulement, ils sont plus utiles que jamais. Et justement ce seront les grands managers qui les utiliseront… J'en ai croisé !

De l'intérêt du « merci »

Certes les salariés sont payés pour une mission. La mission, c'est le travail quotidien et la paye est automatisée chaque fin de mois. Cela ne nous empêche pas de remercier pour la bonne humeur dans laquelle la mission a été menée, pour la précision des détails du dossier, pour la pertinence de telle remarque, pour la justesse de telle initiative. Remercier pour le petit plus qui fait la différence entre faire le travail pour lequel on est payé et faire bien et avec plaisir son travail. C'est le petit plus qui montre que l'on attache autant d'importance à la façon de faire qu'au simple résultat. C'est également la marque du manager qui fait attention à « qui » a fait. Le merci c'est la petite marque d'attention supplémentaire. Elle ne coûte rien, mais décuple la motivation de celui qui la reçoit… Nous verrons plus loin comment formuler un compliment adapté au besoin de notre interlocuteur : un compliment vrai !

DE LA VALEUR DU « S'IL VOUS PLAÎT »

Bien sûr, c'est une façon de dire... car, même si cela ne « plaît » pas au salarié, il va devoir s'exécuter. Mais le dire montre également que l'on porte attention au fait que cela peut déplaire, peut tomber au mauvais moment, peut s'ajouter à une charge de travail lourde. Dire « s'il vous plaît » n'est en aucun cas s'avilir comme le pensent certains managers. C'est respecter l'individu qui est en face. Or, accorder du respect, c'est s'en donner à soi. Comme le « merci », le « s'il vous plaît » ne prend pas de temps... mais combien de personnes sollicitées par un « s'il vous plaît » vous donneront leur chemise alors que, sans lui, elles feront juste le travail qu'il faut dans les heures travaillées...

QUAND « EXCUSEZ-MOI » OUVRE TOUTES LES PORTES !

« Le manager ne s'excuse pas ! Il est au-dessus de ça ! » C'est du second degré, vous l'aurez lu entre les lignes. De mon point de vue, celui qui se fait respecter est celui qui justement sait s'excuser quand il a fait une erreur, quand il a dérapé. C'est aussi être humain.

Alors bien sûr, si les dérapages sont quotidiens au presque, s'excuser sera lourd... mais l'erreur ne viendra pas du fait de s'excuser mais de la répétition des erreurs. Dans une situation normale, l'erreur ou le dérapage resteront ponctuels. Les excuses seront alors également exceptionnelles. Chacun gagne en crédit en acceptant de reconnaître ses erreurs. Ma phrase clé : « Afficher ses faiblesses, c'est affirmer ses forces. »

Et « bravo » dans tout ça ?

Dire « bravo, félicitations, c'est du bon travail… », rares sont ceux qui reconnaissent la valeur d'un travail bien fait. C'est normal, disent-ils, de bien faire son travail. Naturellement, c'est normal ! Nous sommes tous payés pour faire « bien » notre travail… mais quand même, le petit signe de reconnaissance, le clin d'œil encourageant… encore une fois cela ne coûte rien, mais cela rapporte tellement en termes de relations humaines, de confiance, d'échanges. La motivation est multipliée par dix, alors ne vous privez pas, managers : en 2008, utilisez les mots magiques… et faites-nous un retour d'expérience…

- Identifiez votre degré d'autonomie dans la tâche et dans la relation…
- Acceptez celui des autres…
- Utilisez les mots magiques de votre enfance : merci, bravo, s'il vous plaît, excusez-moi !

Chapitre 3
Choisissez et mettez en place votre autorité…

Entre le « il est une autorité » au sens de référence et « il est autoritaire » il y a une marge. Puis, il y a ceux qui ont une autorité naturelle ou un charisme et les autres… mais pour ces derniers, l'espoir est de mise, car développer une autorité naturelle et respectable, donc acceptable par les autres, est possible !

Voici quelques conseils. Commencez par évacuer les cinq fantasmes de l'autorité, puis évaluer celle qui est la vôtre afin de choisir parmi les solutions et astuces celles qui vous conviennent le mieux.

Évacuez les cinq fantasmes de l'autorité[1] !

Ceux qui pensent avoir de l'autorité avouent facilement cinq croyances ou fantasmes…

J'AI DE L'AUTORITÉ CAR JE SAIS TOUT…

Le fantasme de l'omniscience. Vous pensez faire « autorité » sur un sujet donné et n'acceptez pas d'être pris en défaut, d'ignorer la réponse à une simple ou seule question ; cela vous stresse d'ailleurs et vous refusez de prendre la parole devant votre assistante ou vos équipes… Votre stratégie est alors la fuite : quitter la réunion, changer l'ordre du jour…

---
1. C. Catry et J.-L. Muller, *Exercez votre autorité avec diplomatie*, Esf-Cegos (2003).

Évacuez ce fantasme : l'autorité se construit aussi sur l'acceptation de ses failles dès lors qu'elles sont suivies de mesures adéquates : « J'ignore la réponse à cette question, en revanche je vous la cherche, ou je vous trouve l'expert qui saura vous répondre dans deux jours... » Votre sérénité fera votre autorité. Et d'ailleurs « afficher ses faiblesses, c'est affirmer ses forces ! », on l'a déjà dit, non ?

J'AI DE L'AUTORITÉ ET JE DOIS ÊTRE AU COURANT DE TOUT...

Fantasme de l'omnipotence. D'après vous, parce que vous êtes le manager, aucune décision ne peut être prise sans votre avis, vous devez être en copie de tous les mails, tous les dossiers clients passent entre vos mains... mais en avez-vous seulement le temps ? Et la connaissance des détails de ces dossiers clients ?

Supprimez ce fantasme : votre autorité sera d'autant plus respectée que les collaborateurs viendront vous voir au moment où ils auront besoin de votre expertise ou de votre statut. Laissez-les juger de cette nécessité. Si vous êtes incontournable à chaque instant, vous ne pouvez revendiquer aucune prise d'initiatives de la part de vos équipes.

J'AI DE L'AUTORITÉ ET JE DOIS ÊTRE PARTOUT !

Fantasme de l'omniprésence de celui qui ne sait, ni ne veut, déléguer. Qui pense que lui seul « comprendra », « obtiendra »... Si vous avez ce fantasme, vous dépensez une énergie folle à assister à des réunions, des séminaires, des rendez-vous clients... où vos collègues pourraient aller.

Supprimez ce fantasme : évaluez les lieux et moments où votre valeur ajoutée est la plus pertinente. Faites confiance à vos collaborateurs...

UNE ÉQUIPE À MON IMAGE...

En tant que manager vous consacrez douze heures par jour à votre entreprise, vous travaillez le week-end, vous partez en déplacement le dimanche soir et conduisez des réunions « plateaux repas »... Vous attendez que vos collaborateurs aient le même comportement. Vous le leur demandez et certains le font ! C'est là que vous voyez votre autorité !

Supprimez ce fantasme du clonage : les collaborateurs restent dans l'entreprise car c'est leur intérêt financier, géographique ; mais, dès qu'ils en auront l'occasion, ils vous feront savoir que ce choix n'est pas le leur et vous quitteront. Où sera alors votre autorité ? Assumez votre choix, laissez-les conduire leur temps à leur manière dès lors qu'ils atteignent leurs objectifs.

Je l'ai déjà fait !

Vous avez déjà mené ce genre de projet, conduit ce type d'équipe, vous avez déjà fait et « c'est comme ça que vous aviez fait à cette époque et ça a marché »… alors vous ne voyez pas pourquoi vous feriez différemment maintenant.

Abandonnez ce fantasme… Acceptez une autre vision du monde et de votre périmètre d'action, acceptez que les situations ne soient pas toutes identiques ; et finalement que les idées viennent aussi des autres. Voire, en allant plus loin, que des idées valables autrefois soient aujourd'hui dépassées et inadaptées. Ou encore, tout simplement, que les usages dans cette structure ne permettent pas la mise en place de ce qui a si bien fonctionné ailleurs !

Une fois que vous avez banni ces cinq fantasmes, identifiez, pour la faire grandir, celle des autorités suivantes qui serait plutôt la vôtre.

Vous pouvez alors choisir l'autorité qui vous convient le mieux et ensuite adopter les comportements *ad hoc*.

L'autorité experte

ON DIT DE VOUS...

Que vous « touchez votre bille », que vous savez de quoi vous parlez, que vous êtes la référence sur tel sujet... Bref, sur ce thème-là, particulièrement pointu, vous êtes la référence sur votre secteur : local, national, international..., vous êtes le seul ou presque à savoir aussi bien en parler et vous aimez ça.

CERTES...

Vous parlez bien de ce sujet et vous y mettez toute la passion nécessaire. Vous êtes crédible, vous vous formez, vos idées évoluent... vous êtes dans une dynamique visible.

LES DANGERS QUI VOUS GUETTENT...

Devenir « monocanal » : ne parler que de ça, devenir lassant. S'entendre dire : « En dehors des étoiles, on ne peut lui parler de rien ! » n'a rien d'agréable ! Savez-vous être flexible et fluide ? c'est-à-dire parler de sujets connexes, parallèles ? Savez-vous tirer parti de votre savoir et expertise pour apporter des éclairages divers à d'autres ?

COMMENT DÉVELOPPER CETTE AUTORITÉ D'EXPERTISE ?

Travaillez la fluidité : la façon dont votre sujet peut être lié à d'autres. Par exemple, les étoiles sont votre passion, vous connaissez les cartes du ciel par cœur, mais quelles sont les technologies utilisées ailleurs pour explorer les étoiles... ? En quoi les astres influencent-ils le climat ? Bref, travaillez les enchaînements des idées à partir de votre thème de référence.

Choisissez et mettez en place votre autorité...

L'autorité commerciale

ON DIT DE VOUS...

Que vous vendriez des radiateurs en Afrique ou de la glace au pôle nord, que les clients ne laissent pas de messages si vous n'êtes pas là... ils veulent vous parler... d'ailleurs à votre anniversaire, ils vous gâtent... vous êtes fiable, vous vous dépensez sans compter... vous faites 30 % du chiffre d'affaires de la maison ! Et en plus dans le dur...

CERTES...

Vous assurez vos objectifs, voire plus, vous convainquez les clients les plus rétifs, vous embarquez de belles affaires... Vous racontez vos exploits, ils sont vrais... vos relations avec les clients sont pleines de passions et d'échanges...

LES DANGERS QUI VOUS GUETTENT...

Le surmenage vous guette-t-il ? Si ce n'est pas lui, n'est-ce pas la jalousie des collègues ? Et si un gros client vous quitte ? Êtes-vous prêt ? Respectez-vous les usages de l'entreprise ? Les autres, par ailleurs, ne se reposent-ils pas sur vous pour développer le business ?

COMMENT ALLER PLUS LOIN ?

Ne tablez plus sur votre seul relationnel et votre capacité à convaincre. Soyez professionnel, rigoureux, formez les jeunes et n'hésitez pas à réellement transmettre votre capital en portefeuille : à savoir les clients à de jeunes commerciaux. Ils vous en seront reconnaissants et vous augmenterez cette autorité naturelle qui est la vôtre. « Céder le pouvoir... c'est le grandir ! »

L'autorité relationnelle

ON DIT DE VOUS

On dit de vous que vous avez du charisme, quand vous parlez on vous écoute, voire quand vous parlez les autres se sentent intelligents... Vous disposez d'une présence, d'une aura, sans pour autant être une star... mais c'est comme ça ! C'est naturel. Si vous ne savez pas quelque chose, vous vous permettez de trouver l'information, vous connaissez toutes les sources dans l'entreprise et à l'extérieur, vous avez un réseau.

CERTES...

En public ou en petit comité, vous aimez, et vous savez, parler. Vos idées sont percutantes et vous savez les amener tout en restant à l'écoute. Vous savez convaincre, transmettre les messages de la direction...

LES DANGERS QUI VOUS GUETTENT...

Mais savez-vous, aussi, ne pas parler, dire « non » ? Vous êtes sans arrêt sollicité sur tout : savez-vous refuser, vous préserver des moments à vous, ne pas vous laisser envahir ? N'êtes-vous pas indispensable, selon vous ? N'avez-vous pas peur de « manquer » un événement ?

COMMENT ALLER PLUS LOIN ?

En acceptant le fait de ne pas être partout, de fait vous y serez encore plus puisque vous provoquerez le manque. Vos collègues viendront vous voir, vous diront ce qui s'est passé, vous demanderont la prochaine fois de venir, vérifieront votre présence. Vous n'aurez pas perdu votre aura.

Choisissez et mettez en place votre autorité...

L'autorité de coaching

ON DIT DE VOUS...

Que vous développez les compétences de vos équipes, que vous facilitez la communication, les échanges, l'expression des besoins et des blocages. Vous ne jugez pas, vous soutenez, vous garantissez une sécurité relationnelle importante.

CERTES...

Votre porte est ouverte et vous savez consacrer du temps à vos collaborateurs. Vous reformulez leurs attentes et les incitez à vous parler. Vous êtes aussi respectueux des engagements que vous prenez que de la parole que vous donnez.

LES DANGERS QUI VOUS GUETTENT...

Que cela change ? Que le jour où vous n'êtes plus là les collaborateurs se sentent perdus, trahis...

COMMENT ALLER PLUS LOIN ?

Rendez votre aide temporaire : vous êtes là pour aider à résoudre un problème, à trouver une solution. Mais ne devenez pas l'oreille du service... vous allez être noyé sous les interruptions. L'assistance et l'écoute que vous développez ont pour objectif de faciliter l'autonomie de vos équipes et l'acquisition des savoirs. Votre autorité en sera grandie par le fait que loin de contrôler, vous rendez autonome : la reconnaissance est forte.

L'autorité statutaire

ON DIT DE VOUS

Que vous êtes le responsable de l'équipe, peut-être le chef, ou le patron ? Vous savez prendre des décisions faciles ou plus complexes, vous donnez des consignes et vous attendez de vos équipes qu'elles atteignent leurs objectifs…

CERTES…

Vous faites vite et bien, vous êtes présent, occupé. Vous avez un agenda rempli, vous prenez des décisions…

LES DANGERS QUI VOUS GUETTENT…

Connaissez-vous vos équipes ? Êtes-vous informé suffisamment tôt des difficultés rencontrées, connaissez-vous les erreurs faites et les solutions apportées ? Êtes-vous en contact avec la réalité du terrain ?

COMMENT ALLER PLUS LOIN ?

En connaissant les initiatives des salariés, les bonnes idées et en les valorisant. En étant prêt, tant dans les mots que dans les faits, à les aider à résoudre les difficultés sans chercher les responsables des fautes.

Au-delà des types d'autorité ou des portraits dessinés ci-dessus, il y a des attitudes et des comportements qui confèrent naturellement de l'autorité ou du charisme. En premier lieu le langage.

Adoptez les bons comportements

SOYEZ CONVAINCANT, BANNISSEZ LES MOTS PARASITES

« Parasites ou pollution verbale, certains mots ou expressions doivent être bannis de votre langage, parce qu'ils tirent dans le sens inverse à votre objectif[1] ! » En clair, vous voulez demander un nouvel ordinateur et vous commencez votre phrase par : « Monsieur, je voulais vous demander » qui signifie que votre envie est passée !

Autre exemple, vous souhaitez féliciter un collaborateur et vous lui dites : « Pour une fois, ce travail est parfait ! »... Sans commentaire !

Ou encore, vous indiquez votre inquiétude en essayant de rassurer votre équipe : « On a des soucis, mais on devrait y arriver, ne vous inquiétez pas ! »

SOYEZ CONGRUENT

L'autorité est congruente... en tant que manager, avec une autorité de statut, vous devez l'exemplarité. Vous vous devez de faire ce que vous dites et de dire ce que vous faites. Par exemple, inciter les salariés à partager leur agenda sur Outlook alors que vous-même êtes toujours en déplacement « top secret injoignable » n'est pas acceptable : vous demandez de la communication, vous devez communiquer !

SOYEZ COURAGEUX

« Oser toujours, céder parfois, renoncer jamais » telle est la devise de Peggy Bouchet, navigatrice. Peggy Bouchet a tenté une première traversée de l'Atlantique à la rame et à quelques encablures de la Martinique, son canot s'est renversé. Un an plus tard, elle retentait l'expérience. N'importe

---

1. Mathieu Maurice, consultant au Cepig et auteur du livre *Gagnez en autorité naturelle*, Paris, InterEditions, 2004.

qui aurait pu abandonner… pas elle. Aussi aujourd'hui quand elle parle de positiver, de persévérer, elle sait de quoi elle parle. Managers, soyez courageux. Sachez faire face à l'adversité, aux difficultés. Sachez aussi prendre des décisions discutées par d'autres. Ayez le courage de vos idées. Certains hommes politiques savent affirmer des idées qui dérangent. Ceux qui sont respectés, quelles que soient ces idées, sont ceux qui n'en changent pas… pour de mauvaises raisons !

PRENEZ DE LA HAUTEUR

Vous voulez passer vos vacances à la mer mais votre femme préfère la montagne… l'intérêt « ombrelle », ou supérieur, l'objectif partagé en réalité de manière tacite est de passer vos vacances ensemble. Celui des deux qui saura formuler ce que Mathieu Maurice appelle « l'intérêt supérieur commun » affirmera dès lors naturellement son autorité naturelle. Dans l'entreprise, c'est la même chose. La guerre entre les commerciaux et le marketing par exemple disparaîtra le jour où un directeur saura formuler l'intérêt commun aux deux équipes : améliorer les ventes, augmenter les marges ! Mais dans le feu de l'action, dans l'émotion, la tentation naturelle est de se raccrocher à son objectif personnel et de s'empêcher de voir plus loin.

METTEZ L'AMBIANCE

Certains managers, bien qu'ayant une autorité naturelle évidente, génèrent une ambiance de travail agréable, sereine même dans la pression, dans laquelle les compétences se révèlent et les initiatives ont leur place. D'autres, au contraire, dirigent par la terreur, la sanction, passent pour autoritaires mais ne sont pas respectés de leurs collaborateurs.

Développer son autorité naturelle, c'est aussi développer sa capacité à générer une ambiance propice à l'action de soi et des autres.

Rendez évident

L'autorité naturelle s'appuie sur l'évidence : « Il me demande cette action... c'est normal », « Il soutient ce projet, c'est logique ». L'autorité sera refusée si la faille est identifiée par les collaborateurs recevant les indications, consignes ou ordres. Il s'agit alors d'expliquer avec transparence les raisons des choix, des indications... La transparence n'est pas « tout dire » mais dire qu'on ne peut pas en expliquer plus. La congruence et la cohérence feront le reste.

Tolérez les erreurs

Le management par l'erreur n'est pas une légende. Tolérer les erreurs n'est pas accepter qu'elles se reproduisent mais encourager la transparence afin d'éviter qu'elles soient masquées et n'engendrent des conséquences encore plus lourdes. Le management par l'erreur est un des fondements de l'autorité. Le salarié ayant commis une erreur, l'identifie et immédiatement envisage les conséquences : phase 1. Phase 2 : il réfléchit à plusieurs solutions avec leurs avantages et leurs inconvénients. Phase 3 : il propose ces solutions à son manager dont le rôle est de faciliter la décision. Enfin, dernière phase : la solution est mise en place, pilotée par le salarié, contrôlée par le manager. Le bilan est fait... l'autorité est reconnue dans son rôle de soutien et non de culpabilisation.

Écoutez les avis adverses

L'autorité sait s'entourer de conseils différents. Pour choisir les bonnes solutions, identifier de nouvelles possibilités. Mais celui qui ne tient compte d'aucun des avis donnés, ou seulement de ceux qui vont dans son sens, ne saura asseoir son autorité sur ses équipes.

En effet, à terme, les collaborateurs deviendront des exécutants car « de toute manière ce que l'on dit ne sert à rien ! ». À l'inverse, celui qui fonde ses actions sur les idées des équipes et valorise les auteurs, encouragera respect, initiatives…

ACCEPTEZ LA CRITIQUE

Avoir de l'autorité naturelle, c'est aussi accepter d'être potentiellement critiqué sur une décision, un comportement, une attitude, une idée. Accepter la critique c'est accepter qu'elle soit formulée. Une fois émise, vous la gérez, c'est-à-dire vous décidez si elle est justifiée ou non. Dans les deux cas, vous remerciez de la critique. Formuler une critique n'est pas facile, or les critiques sont constructives dès lors qu'elles sont formulées dans un objectif de progrès.

TENEZ COMPTE DE LA CRITIQUE

Une critique émise est une marque de confiance, puisque l'émetteur se sent dans un climat d'échange propice à dire quelque chose de difficile ou de délicat. Tenir compte de la critique, c'est accepter de « défier » une idée, de changer un comportement inadéquat, ou d'expliquer faute de le changer quelles en étaient les raisons et quelles sont celles qui empêchent de faire autrement. Au contraire, ne pas y répondre, ne pas traiter la critique tant dans l'écoute que dans l'action suggère une crainte d'affronter la situation et de la changer. Ce n'est pas un signe d'autorité.

Et si vous négligez tous ces conseils, ce que vous pensez être de l'autorité risque d'être perçu comme de l'autoritarisme.

- *Évacuez les fantasmes de l'autorité* : omniscience, omniprésence, omnipotence, clonage, rationalité !
- *Choisissez votre autorité* : statutaire, relationnelle, commerciale, d'expertise, de coaching
- *Adoptez les bons comportements…*

Chapitre 4
Identifiez la manipulation[1] et déjouez-la

Qui sont les manipulateurs et comment agissent-ils ? Pourquoi tombons-nous dans leurs panneaux et surtout comment faire pour interrompre ce fonctionnement ? À chaque portrait de séducteur correspond un comportement.

Le manipulateur sympathique

Il est souvent autour de nous, agréable, bon vivant et drôle, souvent attentif aux autres. Il parle facilement, se positionne, prend sa place. Toutes les personnes gentilles et sympathiques ne sont pas manipulatrices, mais le manipulateur sympathique a, lui, un objectif : vous mettre dans sa poche et créer une sorte de dépendance affective, psychologique ou matérielle.

En fait, il cherche la dépendance de sa « victime » en la faisant changer de travail par exemple, ou en l'incitant à ne pas travailler « puisque lui peut subvenir à ses besoins », c'est lui qui va payer la voiture, puisqu'en ce moment il a de l'argent... mais ensuite elle est à lui !

COMMENT RÉSISTER ?

En identifiant, en vous, vos objectifs de vie, vos priorités, ce qui est important pour vous ; et ensuite, le lui dire avec beaucoup de gentillesse, puisque c'est

---
1. *Source* : Isabelle Nazare Aga, *Les Manipulateurs sont parmi nous*, Les Éditions de l'Homme, Canada, 2004.

quelqu'un d'agréable. Vous constaterez alors qu'il résiste, insiste, cherche à vous convaincre, puis joue à celui ou celle qui ne comprend pas votre attitude, puisqu'il fait tout pour vous. Il tente alors de vous culpabiliser.

Le manipulateur séducteur

Cette personne a du charme, du charisme, souvent un physique agréable. Elle sait se mettre en valeur et est capable d'exercer une véritable fascination sur son entourage, qu'il soit professionnel ou amical. Son but : obtenir le maximum des autres informations, aides, services, argent. Il ne répond pas directement aux questions que vous posez, il les élude, mais, lui, ne se gêne pas pour questionner.

COMMENT RÉSISTER ?

Rendez service si cela vous fait plaisir, mais sachez dire non, sans vous justifier ni culpabiliser quand cette demande n'est pas opportune. Revenez de nouveau à ce qui est important pour vous.

Le manipulateur altruiste

Le manipulateur altruiste fait de nombreux cadeaux, est très attentionné, il rend service avant même qu'on lui demande quoi que ce soit. Attention les personnes gentilles et attentionnées ne sont pas nécessairement des manipulateurs, cependant, vous identifierez facilement celui-ci lorsqu'il vous dira ou vous fera comprendre « que c'est le moment de renvoyer l'ascenseur... ». Il décide alors pour vous de la réciprocité : en ce sens qu'il impose le moment et la nature de cette réciprocité et s'arrangera pour vous faire culpabiliser.

COMMENT RÉSISTER ?

Distinguer dans votre esprit ce qu'il a choisi de faire pour vous et mettez en évidence que vous ne lui avez rien demandé... mais que là, franchement, vous ne pouvez pas accéder à sa demande. Et ne culpabilisez pas, justement !

Le manipulateur cultivé

Le manipulateur cultivé est subtilement méprisant. Il vous fait remarquer que « tu ne sais pas ça... mais c'est évident ! », et si possible devant d'autres. Éventuellement même il en parlera plusieurs fois afin de bien insister... Par ailleurs, il mentionne des dates, des lieux, des noms, que vous êtes censé connaître, mais il ne donne pas les détails et les précisions nécessaires à votre compréhension. Il mise sur votre pseudo-ignorance pour renforcer son influence et son autorité.

COMMENT RÉSISTER ?

Avec beaucoup de gentillesse, questionnez-le pour vous intéresser à son sujet et demandez des éclaircissements, des détails, « car c'est vraiment intéressant ». Vous déjouez alors sa manipulation, vous assumez ce que le manipulateur pense être vos faiblesses et il se peut que vous mettiez en évidence les siennes...

Le manipulateur timide

Celui-ci est presque le pire ! Il est silencieux dans un coin, ne se mêle pas aux autres, ne monopolise pas la parole, n'étale pas sa science... mais son silence masque en réalité une très forte capacité de nuisance. En effet, il agit par influence, questionnement, en face à face et distille un venin terrible. Il sème la zizanie, le doute, par-derrière.

Comment résister ?

Ne laissez pas le doute vous pénétrer, affirmez vos opinions de façon claire et surtout ne faites pas circuler ce que cet individu vous a « confié » sur les autres pour dissocier le groupe. Indiquez-lui que ce type de propos ne vous intéresse pas et que vous souhaitez rester en dehors de querelles potentielles. Restez intègre !

Le manipulateur dictateur

Facilement repérable, le manipulateur dictateur est agressif, utilise chantage et colère pour obtenir des autres ce qu'il souhaite. Il génère un climat de peur, d'inquiétude.

Comment résister ?

Ne vous laissez pas impressionner ! Il peut demander ce qu'il veut, il suffit qu'il le fasse d'une autre manière… expliquez-le-lui ! Son comportement est purement inacceptable.

Celui-ci est presque facile à débusquer puisqu'il est bruyant et colérique.

- Tous les gentils, séducteurs, altruistes ne sont pas des manipulateurs !
- Sachez ce que vous voulez… et ne voulez pas !
- Ne culpabilisez pas !
- Exprimez-vous avec bienveillance !

Chapitre 5
En cas de situation sensible

Avant même d'entrer dans un conflit, vous pouvez vous sentir mal à l'aise dans une situation ponctuelle. S'affirmer dans son espace professionnel est également se sortir de cette position délicate, en gardant la face et en préservant la relation établie avec la personne. Pour ce faire, suivez les quelques conseils – parfois évidents ! – ci-dessous.

Valorisez la relation établie

VISUALISEZ L'ASPECT POSITIF

Étape 1, commencez par prendre quelques minutes pour visualiser les aspects positifs de cette relation. Vous êtes en confiance, cette personne est fiable, c'est la première fois que vous vous prenez de biais... bref, il ne s'agit pas de la montée en puissance depuis longtemps d'un conflit larvé qui devrait exploser sous peu, mais bien d'un accrochage ponctuel.

En prenant ces quelques minutes pour évaluer l'état des lieux, vous commencez par dédramatiser la situation et diminuer la montée émotionnelle.

PARTAGEZ CETTE VISION

Étape 2, exprimez cette vision afin de la partager avec la personne concernée par le sujet. Vous constaterez vite que cet échange de visions positives provoque une prise de conscience de la réalité de l'enjeu. Elle permet également de mettre à plat la volonté réelle de chacun de résoudre cette situation.

Pour s'aider voici quelques questions factuelles à traiter à deux :
- depuis combien de temps travaillons-nous ensemble ?
- qu'avons-nous réussi ensemble ?
- qu'est-ce que nous nous apportons mutuellement ?
- en quoi notre collaboration a-t-elle été efficace jusque-là ?
- quel bilan faisons-nous de nos échanges ?
- …

Vous l'aurez compris, il s'agit ici de focaliser sur ce qui se passe bien dans cette relation.

Décrivez les faits et validez-les

Dans une troisième étape, vous allez décrire les faits immédiats les plus objectifs possible qui rendent la situation sensible :
- que s'est-il passé ?
- qui sont les acteurs ?
- quand s'est passé l'événement ?
- où ?
- devant des témoins ou pas ?

Avant de poursuivre, arrêtez-vous et validez la vision des événements avec la personne avec qui vous avez le différend. En effet, il se peut que sa vision soit différente et que ce soit cet écart de perception qui provoque d'une part ou de l'autre le malaise. Par exemple, elle ne vous reproche pas ce que vous avez dit, mais le moment ou le contexte où vous l'avez dit… nous ne sommes plus alors dans le registre de deux opinions qui s'affrontent mais

En cas de situation sensible

d'un contexte défavorable à cet échange. L'impact et l'enjeu sont largement différents.

Visualisez vos objectifs : OI et ICS !

Cette fois posez-vous les questions suivantes : « Avons-nous envie de trouver une solution ? » et : « Avons-nous besoin de trouver une solution ? ». Si à ces deux questions les réponses sont positives vous êtes sur la bonne voix. En effet, la volonté commune et la nécessité vont vous pousser à chercher des options.

Si le besoin existe mais pas la volonté commune, il est alors peut-être nécessaire de faire appel à un médiateur qui vous aidera, de façon neutre, à marcher vers une solution satisfaisante.

Mais faisons ici le pari que vous avez envie de trouver ensemble cette solution…

Identifiez alors deux séries d'éléments successivement : vos objectifs individuels (OI) et votre intérêt commun supérieur (ICS).

Vos objectifs individuels (OI) : les vôtres et ceux de votre interlocuteur

Un peu plus loin dans cet ouvrage, nous aborderons la définition des objectifs. Mais déjà ici, fixez-vous un but. Que souhaitez-vous obtenir de cet échange, à l'issue de cette discussion ?

À quoi saurez-vous que vous avez atteint votre objectif ? Qu'est-ce qui vous fera dire que vous êtes satisfait ?

Il est essentiel pour répondre à ces questions d'être lucide et souple. Lucide sur votre motivation personnelle… même si elle n'est pas très reluisante… Par exemple, lui montrer que j'avais raison ! D'accord, mais qu'est-ce que je souhaite derrière cela… être reconnu… ah, c'est mieux ! Être valorisé…

ça va aussi ! Il convient donc de trouver la formulation positive de l'intention qui est la vôtre.

Faites préciser également à votre interlocuteur ce qu'il souhaite avant tout et demandez-lui en quoi c'est important pour lui. Acceptez ce qu'il va vous dire. Créez un climat de confiance pour qu'il se livre : condition de succès pour sortir de cette impasse relationnelle.

Par ailleurs, si vous êtes dans la situation d'obtenir une compensation, préparez des plans B... Vous souhaitez quelque chose certes, mais un autre élément pourra être satisfaisant également. Avec ce plan B qui devra être satisfaisant pour vous, donc non générateur de frustration, vous faites preuve de souplesse et donnez à votre interlocuteur la même envie d'aller vers le consensus.

VOTRE ICS : INTÉRÊT COMMUN SUPÉRIEUR. VOTRE ICS EST L'OMBRELLE DE VOS OI, OBJECTIFS INDIVIDUELS, RESPECTIFS

L'ICS est la formulation d'un objectif gagnant/gagnant.

Dans une petite société de réparation, cinq réparateurs travaillent soit en ville soit en banlieue, et disposent de véhicules de fonction. Les états des véhicules sont variés et un jour un nouveau véhicule arrive... il est question d'attribuer le véhicule à un réparateur.

Soyons clairs : dans cette histoire, chacun a le même OI : disposer du nouveau véhicule en remplacement de son actuel ; chacun dispose pour se faire de bons arguments plus ou moins objectifs !

Mais si on prend de la hauteur par rapport à cette situation, l'ICS devient : améliorer les conditions de travail de tous. Ce qui veut dire qu'il s'agit d'évaluer pour chacun ce qui pourrait permettre d'améliorer ses conditions de travail, et là, on peut commencer à chercher des dizaines de solutions :

- celui qui fait de la ville fait de la banlieue ;

En cas de situation sensible

- inversement ;
- celui qui a la vieille auto en prend une plus neuve ;
- un autre se fait réparer son chauffage…

Donc une fois l'ICS identifié, il suffit de travailler sur les critères de satisfaction de ce dernier pour le réaliser. Nous sommes alors dans une démarche d'ouverture et de recherche de solutions… constructives. Ce fonctionnement permet de sortir gagnant-gagnant de cette situation sensible, sans entrer dans le conflit et en évitant d'attribuer, dans ce cas-là, le nouveau véhicule à un collaborateur au détriment de tous les autres dont les conditions de travail n'auront pas changé.

Déroulez le « management de l'erreur »

En tant que manager, cette fois, vous pouvez aussi demander à vos collaborateurs de dérouler le *Mistake Based Management* en anglais, traduit par « le management de l'erreur ».

Quelle est cette méthode et quels en sont ses bénéfices ?

LA MÉTHODE MBM EN QUATRE ÉTAPES
Étape 1 : détecter l'erreur

Demandez à vos collaborateurs d'accepter de voir les erreurs, plutôt que de tenter de les masquer. Accepter de les voir permet bien souvent : de limiter les incidences, d'anticiper les effets collatéraux…

Étape 2 : évaluer le préjudice

Dans ce deuxième temps, il s'agit d'évaluer le plus précisément possible les conséquences de l'erreur : prise de retard sur une livraison, conséquences financières, techniques. Cette démarche responsable est assumée par le collaborateur à l'origine de l'erreur.

Étape 3 : rechercher des solutions

Le collaborateur doit chercher dans les meilleurs délais trois solutions aussi différentes que possible – faire preuve de créativité ! - et procéder à leur évaluation respective. Il s'agit ici de faire un tableau des forces et faiblesses de chacune des solutions et donc de les hiérarchiser.

Étape 4 : aider à la décision, ou la prendre (par le manager)

Alors et seulement, il mobilise son manager afin de décider de la solution retenue. Naturellement, si une sanction doit être prise, elle le sera, mais en tenant compte de la prise de mesures et de la qualité de la réaction du salarié.

Appliqué depuis le plus haut niveau de l'entreprise, ce MBM est réellement source d'innovation, de responsabilité, de réaction face aux erreurs... mais il ne pardonne pas le moindre grain de sable : une sanction disproportionnée, une non-écoute des solutions proposées signeront la mort du système.

Et enfin, naturellement, ce dispositif fonctionne sur les erreurs réparables, pas dans les situations dramatiques où une erreur est à la source d'un accident du travail par exemple.

- Pour sortir des situations sensibles, il faut que les deux parties le souhaitent !
- Les deux parties doivent définir un intérêt commun et s'accorder sur celui-ci
- Visualisez le verre à moitié plein
- Déroulez le management de l'erreur

Partie 2

FAITES CE QUE VOUS VOULEZ !

> « Il n'y a pas de vent favorable
> pour ceux qui ne savent pas où ils vont. »
> (Sénèque.)

S'affirmer n'est pas une fin en soi. S'affirmer, c'est être soi dans un environnement, y faire sa place, et non prendre la place que l'environnement nous laisse. Cela revient à dire qu'il est nécessaire à chacun de nous de faire un travail d'introspection afin de définir ce que nous voulons, dans quel contexte et pour quoi faire. C'est à cette seule condition que nos actes pourront être posés car ils seront logiques, indiscutables, parce qu'en lien avec des valeurs et surtout cohérents les uns avec les autres.

Dans ce chapitre, nous allons vous aider à définir vos objectifs, à clarifier vos projets, afin de vous positionner dans l'environnement professionnel qui est le vôtre.

Chapitre **6**
Définissez vos objectifs

Bien souvent, nous ne fixons pas clairement nos objectifs et en conséquence nos demandes ne sont pas claires... Et face à une demande pas claire, bien souvent, nous obtenons des réponses non satisfaisantes !

Aussi, nous allons travailler, dans les chapitres suivants, l'élaboration des objectifs et de la stratégie.

Munissez-vous de papier et de quoi écrire et laissez-vous guider dans la démarche.

Accordez-vous, cependant, le temps de la réflexion et si vous pouvez ne pas être dérangé pendant trente à quarante minutes, vous tirerez le maximum de ces exercices.

Posez-vous quelques questions !

Il n'est pas toujours aisé de définir clairement ce que nous voulons ! Il vous arrive sans doute d'hésiter longuement, de tester des idées ou des projets, avant de vous lancer avec cette sensation étrange de ne pas savoir choisir.

Nous vous proposons ici de réfléchir à vos objectifs professionnels. En effet, cette réflexion sera déterminante dans votre capacité à vous affirmer. Si vous savez ce que vous voulez : vous saurez quelles ressources identifier et quelle stratégie mettre en place. Si vous savez aussi ce que vous ne voulez pas : vous chercherez à définir ce que vous voulez.

Pour savoir ce que vous voulez, nous allons vous demander de vous laisser guider, et de répondre progressivement aux questions suivantes. Mettez-vous dans des conditions où vous ne serez pas dérangé, installez-vous avec un papier et un crayon. Posez-vous ! Répondez à chaque question en essayant de ne pas lire la suivante, si vous le pouvez[1]…

Question 1 : Que recherchez-vous dans votre travail ?
 –
 –
 –

Question 2 : Si vous avez listé plusieurs critères, quel est celui qui vous semble le plus important ?
 –

Question 3 : Pourquoi cela est-il important pour vous ? (Rédigez ici une phrase.)
 –

Question 4 : Pourquoi ce que vous avez écrit à la question 3 est-il important pour vous ? (Rédigez ici une phrase.)
 –

Question 5 : Pourquoi ce que vous avez écrit à la question 4 est-il important pour vous ? (Rédigez ici une autre phrase.)
 –

Vous avez peut-être eu l'impression de vous répéter, mais l'exercice est important. Il va nous permettre de définir les caractéristiques de vos motivations.

Procédons à l'analyse de vos réponses aux questions 3, 4, et 5.

Quels sont les verbes employés dans vos phrases ?

---

[1]. Shelle Rose-Charvet, *Le Plein Pouvoir des mots*, Édition pour tous, coll. « Succès pour Tous », Canada, 2007.

Définissez vos objectifs

- si vous avez utilisé des verbes tels que faire, accomplir, obtenir, progresser, gagner, réaliser, avancer, gérer... vous avez une motivation de type ALLER VERS ;
- si vous avez utilisé des verbes tels que : éviter, changer, quitter, modifier, éloigner, (arrêter, cesser de, ou des négations comme « ne plus », « ne pas »... avant le verbe d'action)... vous avez une motivation de type S'ÉLOIGNER DE.

> Une personne se met au sport, pour faire un marathon pour ses 45 ans (aller vers) ou pour éviter de grossir au moment de la quarantaine (s'éloigner de). J'ai changé de travail pour quitter un job sans autonomie (s'éloigner de) ou pour progresser en autonomie (aller vers).

Guidé par ces questions, vous avez en réalité accompli deux missions :
- vous avez défini la nature principale de votre motivation dans votre travail actuel, avec la formulation de vos critères et valeurs ;
- vous avez également donné une direction à votre motivation : « aller vers » la satisfaction d'une valeur ou « s'éloigner » d'une valeur non souhaitée.

Identifiez vos motivations : valeurs et critères

Les valeurs se réfèrent à une échelle. Ce sont en général des nominalisations, c'est-à-dire des mots abstraits, des concepts tels qu'honnêteté, richesse, autonomie, plaisir, reconnaissance. Elles sont la base même de nos motivations essentielles. Une valeur bafouée est le déclencheur immédiat et inévitable d'une insatisfaction, d'une frustration dont les modes d'expression seront très variés : colère, dépression, apathie...

Un critère est une marque, un signe qui permet à notre cerveau de reconnaître une chose parmi d'autres. Il nous permet aussi de porter des jugements de valeur. Ce sont des normes ou des standards, certains sont universels (ceux qui définissent les mammifères par exemple), d'autres plus personnels.

Un livre sera intéressant pour quelqu'un s'il apporte des connaissances nouvelles, alors que pour quelqu'un d'autre le critère sera l'originalité de l'histoire… derrière le même jugement « intérêt », nous trouvons donc deux critères différents.

Comment hiérarchiser alors nos propres critères et valeurs ?

Nous allons reprendre les critères précédents pour l'exercice, qui sera à refaire chaque fois que vous aurez une décision à prendre.

Prenez un jeu de Post-it.

Vous souhaitez changer de travail, trouver un nouveau poste plus satisfaisant, par exemple. Listez tous les critères essentiels à votre satisfaction, sans chercher à les classer pour le moment :

- listez en six à dix par exemple sur une feuille ;

- une fois ce travail fait, prenez un des critères au hasard et inscrivez-le sur un Post-it. Prenez un second critère au hasard et inscrivez-le sur un autre Post-it ;

- sans tenir compte des autres critères toujours présents sur la feuille, placez ces deux critères l'un au-dessus de l'autre, celui qui est le plus important en haut de votre table, le moins important en dessous ;

- prenez alors un troisième post-it sur lequel vous inscrivez un autre critère. Comparez alors celui-ci à celui qui est en position 2. Lequel est le plus important ? Si c'est le troisième : passez-le en seconde position et comparez-le alors à celui qui était en première position. Entre le « un » actuel et le « troisième », quel est le plus important ? Placez le Post-it en conséquence.

Vous avez alors comparé les trois premiers critères…

Définissez vos objectifs

Et vous allez intégrer de cette manière, progressivement, tous les autres critères selon la même méthode : vous le placez devant ou derrière le dernier critère et vous lui faites remonter la ligne...

Vous établirez ainsi une liste de critères, hiérarchisés les uns par rapport aux autres... Ce point de départ est essentiel pour une prise de décision. En effet, les trois ou quatre premiers devront être satisfaits, les quatre suivants seront importants, mais pourront être compensés par autre chose, les quatre derniers sont une sorte de bonus !

Savoir ce qui est important pour vous vous permet de définir :

- les points sur lesquels vous êtes ouvert à la négociation ;
- et ceux sur lesquels vous ne transigerez pas sous peine de vous rendre malheureux, frustré...

Cette méthode simple est une aide en réalité très efficace dans l'affirmation de soi... en effet un critère est relié à une valeur personnelle.

> Par exemple, pour Charles, « avoir de l'autonomie dans son travail » est une valeur. Les critères de son autonomie seront par exemple : prendre des initiatives sans en référer chaque fois, créer des outils de travail, gérer un budget, piloter une équipe...

Une même valeur partagée par deux personnes peut avoir des critères de réalisation très différents... Demandez à deux personnes quels critères elles mettent derrière la valeur honnêteté :

- dire ce que je pense ;
- ne pas me compromettre ;
- ne pas critiquer « par-derrière » ;
- faire ce pourquoi on est payé...

Formulez votre objectif[1]

Comment rédiger un objectif ou le formuler. Il doit avoir sept critères bien précis.

FORMULATION POSITIVE

Vous allez formuler votre objectif dans une forme affirmative et positive. Vous choisirez « réussir mon permis… » plutôt que « ne pas rater mon permis. » Pourquoi ? Une simple démonstration suffira à vous convaincre de la nécessité d'agir de la sorte.

Si nous vous disons : « Ne pensez pas à une fleur bleue », que visualisez-vous ? Normalement, la fleur bleue. Alors vous visualisez exactement ce que nous vous demandons d'éviter. En revanche, si nous vous demandons de penser à une fleur rouge ou jaune…, vous visualiserez bien cette belle fleur, alors afin de préparer votre mental à gagner, parlez-lui un langage de vainqueur !

De la même manière, bannissez le conditionnel : « Il faudrait que je réussisse mon permis… » laisse penser que ce serait mieux, mais que si vous le ratez, somme toute, ce n'est pas si grave ! « Le conditionnel ne fait jamais confiance. Le conditionnel n'arrête pas d'imaginer le contraire de ce qui se passe » écrit Erik Orsenna, dans *Les Chevaliers du subjonctif*[2].

VÉRIFIABLE

Un objectif est vérifiable de manière factuelle. Vous devez pouvoir répondre à la question : « À quoi saurai-je que j'ai atteint mon objectif ? » Quels seront vos indicateurs ? Ils peuvent être de plusieurs natures, mais

---
1. *Source* : PNL Repères.
2. Erik Orsenna, *Les Chevaliers du subjonctif*, Paris, Le livre de poche, 2006.

Définissez vos objectifs

encore faut-il les identifier au préalable afin de ne pas se tromper sur l'évaluation finale.

Les indicateurs peuvent être :
- comportementaux : les autres pourront voir quelque chose que vous faites ;
- sensoriels : vous vous sentirez bien… ;
- cognitifs : vous pourrez vous dire quelque chose ou vous faire une image particulière ;
- opérationnels : vous pourrez alors faire autre chose…

CONTEXTUALISÉ

Votre objectif doit prendre place dans un lieu et un espace-temps donnés. Si vous dites juste : « Je devrais changer de travail… », vous ne vous donnerez pas les moyens de changer. Si en revanche vous vous dites : « Avant Noël, je change de travail ! », vous allez intuitivement et implicitement mettre en place un rétro-planning opérationnel pour atteindre votre objectif.

Définissez donc :
- un délai réaliste pour atteindre votre objectif ;
- et le lieu… ici, dans une autre ville, dans ce pays…

DÉPENDANT DE VOUS

« Je souhaite que Marc change d'attitude à mon égard ! » n'est pas un objectif qui dépend de moi ! Il dépend de Marc ! En revanche, si je me dis : « Lors de la collaboration avec Marc sur le dossier truc, je dois mettre en place un mode de fonctionnement pour bien travailler avec lui… », là, je peux proposer des améliorations afin que notre collaboration se passe bien, au moins sur ce dossier.

Vous devez donc formuler votre objectif de façon à ce que sa réalisation dépende de vous et non de votre entourage.

Réaliste

Un objectif doit pouvoir être atteint. Les critères temps/ressources doivent être pesés afin de permettre de réussir. Il convient donc de vérifier que je dispose bien des ressources (matérielles, cognitives, émotionnelles, planification…) dont j'ai besoin, ou des obstacles à surmonter (voir plus loin) pour atteindre mon objectif. Augmenter les parts de marché de 15 % est sans doute possible. Mais le faire en un mois sans doute pas… Finir un marathon sera aussi possible… en moins de trois heures et en moins de deux mois d'entraînement sans doute pas ! Il est évident que, pour le moral des troupes, il vaut mieux dépasser un objectif que le réviser à la baisse, le couteau sous la gorge !

Motivant

L'engagement vaut la réussite et la réussite vaut l'engagement. Il y a des objectifs réalistes, mais qui vont demander de tels efforts et sacrifices que finalement la satisfaction de les avoir atteints sera amoindrie par la fatigue et les dépenses…

Les ressources nécessaires à la réalisation de cet objectif doivent le rendre motivant.

> Reprenons l'exemple du marathon en moins de quatre heures : si je n'ai jamais fait de sport, et que je dois arrêter de sortir le soir, perdre 10 kg, surveiller mon alimentation, pour certes le terminer et ensuite mettre un mois à me reposer… vais-je rester motivé ? Alors que si je me dis que je le fais l'an prochain tranquillement, ou que je me fixe juste de le terminer pour ce premier… cela deviendra raisonnable et mes engagements seront moins lourds, j'y trouverai sans doute du plaisir et je ne me démotiverai pas.

Vous vous demanderez aussi quelle est la valeur satisfaite lors de l'atteinte de cet objectif ? Nous revenons plus loin sur ce point.

ÉCOLOGIQUE

L'écologie dans son sens strict est le maintien de l'équilibre d'un système. Un objectif est écologique s'il préserve l'équilibre de l'individu et de son système. Reprenons l'exemple de ce marathon. Si pour réussir votre marathon en moins de quatre heures, vous vous entraînez sans tenir compte de votre entourage familial, si vous négligez votre entourage social et amical, si vous êtes fatigué au travail, irritable éventuellement, si ensuite vous êtes épuisé pendant plusieurs semaines… vous réussirez votre marathon, mais les écologies interne (de votre corps) et externe (dans vos contextes) ne seront pas respectées.

Pour éviter ces pièges, posez-vous les questions suivantes :

- que gagnez-vous à atteindre votre objectif ?
- que perdez-vous à atteindre cet objectif ?
- que gagnez-vous à ne pas l'atteindre ?
- que perdez-vous à ne pas l'atteindre ?

Cette dernière question permet la définition de l'enjeu. Un objectif est un but. Un enjeu est un risque existant si l'objectif est atteint ou pas.

Il peut être formulé de la manière suivante :

- quelle est la valeur satisfaite si l'objectif est atteint ?
- quelle est la valeur bafouée si l'objectif est atteint ?
- quelle est la valeur satisfaite si l'objectif n'est pas atteint ?
- quelle est la valeur bafouée si l'objectif n'est pas atteint ?

Faire le marathon en moins de quatre heures est un objectif. Mais si ce chrono permet la sélection dans l'équipe de votre entreprise pour aller au marathon de New York, alors il y a un enjeu pour vous !

Il n'y a pas de mauvais choix, mais les frustrations naissent d'un objectif atteint qui finalement s'avère coûteux. Alors envisager les options avant est une forme d'assurance de la satisfaction dans le succès.

Identifiez les freins

Alors si cet objectif est défini de façon positive, s'il est réaliste, motivant, écologique, finalement qu'est-ce qui vous empêche d'agir et de mettre en place un plan d'actions opérationnel étape par étape ?

Souvent nous avons des freins à lever… si ces derniers ne l'ont pas été avec l'analyse de l'écologie, c'est qu'il subsiste ce que l'on appelle une « croyance limitante ».

Une croyance est une certitude personnelle à propos de soi (je ne suis pas capable de… ou je suis capable de tout), des autres (il n'y arrivera pas… ou c'est sûr il va gagner !), de l'environnement (on ne peut pas faire ça dans cette entreprise…). Les croyances se forment à partir d'expériences décisives (parfois uniques) que l'on généralise. Par exemple, vous avez eu un accident de voiture en montagne et votre croyance est désormais que conduire en montagne est dangereux ou que vous ne savez pas conduire en montagne.

Revenons au sujet de votre objectif. Vous avez donc défini votre objectif selon les critères ci-dessus et malgré tout il subsiste un frein. Posez-vous alors cette simple question : « Qu'est-ce qui m'en empêche ? » :

- je ne l'ai jamais fait…
- ça ne s'est jamais fait…
- je ne suis sans doute pas capable de…

Définissez vos objectifs

- c'est nouveau...
- je n'ai pas les moyens...

Il convient ici de distinguer les croyances limitantes, c'est-à-dire des opinions qui vous empêchent d'avancer vers votre objectif, des réelles contraintes temporelles, matérielles, financières ou autres, auxquelles vous allez trouver des solutions.

Face aux arguments listés ci-dessus, continuez le jeu bienveillant des questions :

- et si vous le faisiez que se passerait-il (hypothèse finale de la réussite) ?
- qu'est-ce qui vous fait dire que vous n'êtes pas capable (revenir aux critères) ?

Dans cette réflexion, vous pouvez arriver face à la crainte du jugement des autres. Le jugement des autres, les commentaires des autres, ces opinions sont les leurs... ils les gèrent, en sont responsables en fonction d'une histoire qui est la leur. Vous pouvez aussi découvrir une interdiction personnelle : « Je ne m'autorise pas de... » Cherchez alors l'origine de cette interdiction...

Si vous avez défini un objectif motivant et réaliste, en lien avec vos valeurs et critères, selon la méthode ci-dessus, mettez en place votre stratégie, définissez les ressources dont vous avez besoin... et avancez !

Mise en pratique

Document de travail pour définir votre objectif :

- Quel est mon but ? Qu'est-ce que je veux ?
- En quoi est-ce important (1) ?
- En quoi est-ce important (2) ?
- En quoi est-ce important (3) ? Trois fois ! Oui !

- Quelle est la valeur identifiée ?
- Quels sont les critères ou indicateurs de succès ?
- Est-ce réaliste (ressources/temps) ?
- Est-ce motivant (ressources/réussite) ?
- Est-ce qu'il dépend intégralement de moi ?
- Qu'est-ce qui dépend de mon entourage ou du contexte ?
- Liste des bénéfices si je l'atteins.
- Liste des inconvénients si je l'atteins.
- Liste des bénéfices si je ne l'atteins pas.
- Liste des inconvénients si je ne l'atteins pas.
- Bilan écologie favorable OUI/NON.

- *Les sept caractéristiques de l'objectif*
- *Évaluer les bénéfices et les risques à atteindre son objectif*
- *Me poser les vraies questions*
- *Distinguer enjeu et objectif !*

Chapitre 7
Élaborez votre stratégie

Faites vos listes de ressources !

Il n'est pas facile de dresser une liste exhaustive et objective de ses savoir-faire et savoir-être : la pudeur, une fausse modestie, une éducation punitive nous empêchent souvent d'affirmer nos compétences et ressources.

L'objectif de la démarche, ici, est de vous aider à identifier les ressources techniques et non techniques qui sont les vôtres et de vous préparer à les vendre ou à les défendre si cela s'avérait nécessaire.

Voici donc un questionnaire, ouvert, vous permettant de faire le point de vos ressources existantes dans un premier temps, à acquérir dans un second.

Vos compétences techniques

Technologie : listez ci-dessous les logiciels :
- utilisés quotidiennement dans le travail : .... ;
- utilisés de temps en temps dans le travail : .... ;
- utilisés souvent à des fins personnelles : .... ;
- utilisés de temps en temps à des fins personnelles : .... ;
- connus mais non utilisés : ....

Afin de préciser vos compétences sur ce sujet merci de répondre aux questions suivantes, sur une page annexe :
- dans quelles conditions avez-vous utilisé ces logiciels ?

- quelles étaient alors les missions qui vous étaient confiées, ayant justifié de l'utilisation de ce logiciel ?
- quels résultats avez-vous atteints ? Comment les avez-vous utilisés ?
- quels commentaires faites-vous ?

Langues, listez ci-dessous les langues étrangères que vous pratiquez :
- langues maternelles : .... ;
- pratiquées quotidiennement pour le travail : .... ;
- pratiquées quotidiennement en famille : .... ;
- pratiquées de temps en temps et professionnellement : .... ;
- pratiquées de temps en temps en congés : .... ;
- apprises par le passé mais non pratiquées depuis : ....

Matériel technique, outils, machines, véhicules :
- utilisés pour le travail régulièrement : .... ;
- utilisés pour le travail de temps en temps : .... ;
- utilisés à des fins personnelles régulièrement : .... ;
- utilisés à des fins personnelles de temps en temps : ....

Afin de préciser vos compétences sur ce sujet, merci de répondre aux questions suivantes, sur une page annexe :
- dans quelles conditions avez-vous utilisé ces machines, véhicules ?
- quelles missions vous étaient confiées ?
- quels résultats avez-vous atteints ?
- quels commentaires faites-vous ?

Connaissances techniques (comptabilité, législation…) :
- utilisées quotidiennement dans mon métier actuel : .... ;
- utilisées de temps en temps dans mon métier actuel : .... ;
- utilisées régulièrement en dehors de mon travail : .... ;

- utilisées de temps en temps en dehors de mon travail :............... ;
- apprises mais non utilisées depuis : ....

Afin de préciser vos compétences sur le sujet merci de répondre aux questions suivantes sur une page annexe :
- dans quelles conditions avez-vous utilisé ces techniques ?
- quelles missions vous étaient confiées ?
- quels résultats avez-vous obtenus ?
- quels commentaires faites-vous ?

Dans chacun des quatre domaines ci-dessus quelles compétences souhaitez-vous acquérir et pourquoi ?
- Technologie : ....
- dans quel but ? : ....
- Langues : ....
- dans quel but ? : ....
- Matériel technique : ....
- dans quel but ? : ....
- Autre connaissance technique : ....
- dans quel but : ....

Vos compétences non techniques

Et qu'en est-il de vos compétences non techniques ? Comment savez-vous que vous êtes compétent ? Comment pouvez-vous le prouver dans une entreprise et revendiquer alors à juste titre votre place dans un groupe projet ou dans une équipe et vous y affirmer dans une relation gagnant-gagnant sans stress ni confrontation ?

Deux pistes s'offrent à vous : faire un bilan de vos compétences non techniques auprès d'organismes certifiés[1], d'une part, ou effectuer par vous-même une analyse de ce que vous faites au quotidien dans votre activité actuelle, afin de rendre concrètes et opérationnelles ces compétences.

Pour vous aider à affirmer vos compétences non techniques au sein de votre entreprise, nous vous proposons l'exercice suivant. Sur un document à part répondez, en prenant votre temps, aux questions ci-dessous.

Concevoir un projet

- Quand avez-vous conçu ou mis en place un projet pour la dernière fois ?
- Quel était votre objectif ?
- Quel était votre enjeu personnel ?
- Quel était l'objectif du projet ?
- Comment avez-vous fait ?
- Quels résultats avez-vous atteints ?
- Quels indicateurs avez-vous ?
- Quel score de compétence vous accordez-vous sur 10 (étant la meilleure note) pour ce projet ?
- Quel score dans ce domaine vous accordez-vous sur 10 ?

Au vu de cette expérience, estimez-vous devoir vous perfectionner dans ce domaine ? Comment et dans quel but ? En quoi est-ce important pour vous ?

- Quel niveau de motivation avez-vous dans ce domaine (10 : très motivé, 1 : je ne veux plus faire) ?

---

1. Le Bilan InterQualia® permet en particulier cette évaluation objective de dix-huit compétences non techniques. Contacter l'auteur. Consultant certifié InterQualia (2007).

Élaborez votre stratégie

Promouvoir un projet

- Quand avez-vous « promu » ou défendu un projet pour la dernière fois ?
- Quel était votre objectif ?
- Quels étaient vos enjeux personnels ?
- Comment avez-vous fait ?
- Quels résultats pensez-vous avoir atteints ?
- Quels indicateurs avez-vous ?
- Quel score de compétence vous accordez-vous sur 10 (étant la meilleure note) pour ce projet ?
- Quel score dans ce domaine vous accordez-vous sur 10 ?

Au vu de cette expérience, estimez-vous devoir vous perfectionner dans ce domaine ? Comment et dans quel but ? En quoi est-ce important pour vous ?

- Quel niveau de motivation avez-vous dans ce domaine (10 : très motivé, 1 : je ne veux plus faire) ?

Animer une équipe

- Quand avez-vous animé une équipe pour la dernière fois ?
- Quel était votre objectif ?
- Quels étaient ceux de l'équipe ?
- Quels étaient vos enjeux personnels ?
- Et quels étaient ceux de l'équipe ?
- Comment avez-vous fait ?
- Quels résultats pensez-vous avoir atteints ?
- Quels indicateurs avez-vous ?
- Quel score de compétence vous accordez-vous sur 10 (étant la meilleure note) pour ce projet ?
- Quel score dans ce domaine vous accordez-vous sur 10 ?

Au vu de cette expérience, estimez-vous devoir vous perfectionner dans ce domaine ? Comment et dans quel but ? En quoi est-ce important pour vous ?

- Quel niveau de motivation avez-vous dans ce domaine (10 : très motivé, 1 : je ne veux plus faire) ?

Travailler en équipe

- Quand avez-vous travaillé en équipe pour la dernière fois ?
- Quel était votre objectif personnel au sein de l'équipe ?
- Quels étaient ceux de l'équipe ?
- Quels étaient vos enjeux personnels ?
- Et quels étaient ceux de l'équipe ?
- Comment avez-vous fait ?
- Quels résultats pensez-vous avoir atteints ?
- Quels indicateurs avez-vous ?
- Quel score de compétence vous accordez-vous sur 10 (étant la meilleure note) pour ce projet ?
- Quel score dans ce domaine vous accordez-vous sur 10 ?

Au vu de cette expérience, estimez-vous devoir vous perfectionner dans ce domaine ? Comment et dans quel but ? En quoi est-ce important pour vous ?

- Quel niveau de motivation avez-vous dans ce domaine (10 : très motivé, 1 : je ne veux plus faire) ?

Travailler en solo

- Quand avez-vous travaillé en solo sur une mission pour la dernière fois ?
- Quel était votre objectif personnel sur cette mission ?
- Quels étaient vos enjeux personnels ?

- Comment avez-vous fait ?
- Quels résultats pensez-vous avoir atteints ?
- Quels indicateurs avez-vous ?
- Quel score de compétence vous accordez-vous sur 10 (étant la meilleure note) pour ce projet ?
- Quel score dans ce domaine vous accordez-vous sur 10 ?

Au vu de cette expérience, estimez-vous devoir vous perfectionner dans ce domaine ? Comment et dans quel but ? En quoi est-ce important pour vous ?

- Quel niveau de motivation avez-vous dans ce domaine (10 très motivé, 1 je ne veux plus faire) ?

S'exprimer en public

- Quand vous êtes-vous exprimé en public la dernière fois ?
- Quel était votre objectif ?
- Quels étaient vos enjeux personnels ?
- Comment avez-vous fait pour vous préparer ?
- Et le jour J ?
- Quels résultats pensez-vous avoir obtenus ?
- Quels indicateurs avez-vous ?
- Quel score de compétence vous accordez-vous pour cette fois-là (sur 10) ?
- Quel score de compétence vous accordez-vous en général sur ce sujet ?

Au vu de cette expérience, estimez-vous devoir vous perfectionner dans ce domaine ? Comment et dans quel but ? En quoi est-ce important pour vous ?

- Quel niveau de motivation avez-vous dans ce domaine (10 : très motivé, 1 : je ne veux plus faire) ?

Faire preuve de créativité

- Quand avez-vous fait preuve de créativité pour la dernière fois ?
- Quel était votre objectif ?
- Quels étaient vos enjeux personnels ?
- Comment avez-vous fait ?
- Quels résultats pensez-vous avoir obtenus ?
- Quels indicateurs avez-vous ?
- Quel score de compétence vous accordez-vous pour cette fois-là (sur 10) ?
- Quel score de compétence vous accordez-vous en général sur ce sujet ?

Au vu de cette expérience, estimez-vous devoir vous perfectionner dans ce domaine ? Comment et dans quel but ? En quoi est-ce important pour vous ?

- Quel niveau de motivation avez-vous dans ce domaine (10 : très motivé, 1 : je ne veux plus faire) ?

Innover et agir sans règle

- Quand avez-vous agi sans consigne pour la dernière fois ?
- Quel était votre objectif ?
- Quels étaient vos enjeux personnels ?
- Comment avez-vous fait ?
- Quels résultats pensez-vous avoir obtenus ?
- Quels indicateurs avez-vous ?
- Quel score de compétence vous accordez-vous pour cette fois-là (sur 10) ?
- Quel score de compétence vous accordez-vous en général sur ce sujet ?

Élaborez votre stratégie

Au vu de cette expérience, estimez-vous devoir vous perfectionner dans ce domaine ? Comment et dans quel but ? En quoi est-ce important pour vous ?

- Quel niveau de motivation avez-vous dans ce domaine (10 : très motivé, 1 : je ne veux plus faire) ?

Suivre des procédures

- Quand suivez-vous des procédures ?
- Quel est votre objectif ?
- Quels sont vos enjeux personnels ?
- Comment faites-vous ? Quelle organisation adoptez-vous ?
- Quels résultats obtenez-vous ?
- Quels indicateurs avez-vous ?
- Quel score de compétence vous accordez-vous en général sur ce sujet ?

Au vu de votre expérience, estimez-vous devoir vous perfectionner dans ce domaine ? Comment et dans quel but ? En quoi est-ce important pour vous ?

- Quel niveau de motivation avez-vous dans ce domaine (10 : très motivé, 1 : je ne veux plus faire) ?

Assumer des tâches administratives

- Quand avez-vous assumé des tâches administratives pour la dernière fois ?
- Quel était votre objectif ?
- Quels étaient vos enjeux personnels ?
- Comment avez-vous fait en termes d'organisation ?
- Quels résultats pensez-vous avoir obtenus ?
- Quels indicateurs avez-vous ?

- Quel score de compétence vous accordez-vous pour cette fois-là (sur 10) ?
- Quel score de compétence vous accordez-vous en général sur ce sujet ?

Au vu de cette expérience, estimez-vous devoir vous perfectionner dans ce domaine ? Comment et dans quel but ? En quoi est-ce important pour vous ?

- Quel niveau de motivation avez-vous dans ce domaine (10 : très motivé, 1 : je ne veux plus faire) ?

Faire un travail minutieux

- Quand avez-vous fait un travail minutieux pour la dernière fois ?
- Quel était votre objectif ?
- Quels étaient vos enjeux personnels ?
- Comment avez-vous fait ?
- Quels résultats pensez-vous avoir obtenus ?
- Quels indicateurs avez-vous ?
- Quel score de compétence vous accordez-vous pour cette fois-là (sur 10) ?
- Quel score de compétence vous accordez-vous en général sur ce sujet ?

Au vu de cette expérience, estimez-vous devoir vous perfectionner dans ce domaine ? Comment et dans quel but ? En quoi est-ce important pour vous ?

- Quel niveau de motivation avez-vous dans ce domaine (10 : très motivé, 1 : je ne veux plus faire) ?

Au final si vous devez faire une liste de vos compétences majeures et préparer une argumentation pour les affirmer au sein d'une équipe…

Élaborez votre stratégie

Quelles sont les cinq premières qui vous viennent à l'esprit ?
—
—
—
—
—

Et si vous deviez demander une ou plusieurs formations afin de développer certaines compétences utiles, en vue de plus les utiliser, quelles seraient-elles ?
—
—
—

Une fois ce bilan fait, nous vous proposons de passer à l'étape suivante qui consiste à identifier, consolider et développer votre réseau d'alliés opérationnels dans l'entreprise. Ce réseau de soutien, ou de conseil, est indispensable à votre évolution tant en interne qu'en externe.

Identifiez vos alliés opérationnels

Savoir s'affirmer, c'est aussi s'appuyer sur des relais opérationnels autrement appelés « votre réseau ». Car s'affirmer, c'est aussi être soutenu, valorisé, reconnu par son entourage.

Mais celui-ci ne peut agir dans ce sens que s'il a parfaitement conscience et connaissance de vos compétences techniques et non techniques au moment de les faire valoir, par exemple lorsqu'il s'agit de constituer un groupe projet, une nouvelle équipe, ou de créer un nouveau poste...

Vous allez donc bâtir une sorte de fichier réseau avec les rubriques suivantes et ensuite mettre un plan d'actions en place... qu'en entreprise on appellerait un plan de communication. Certains le nomment également un plan de mercatique personnelle, c'est-à-dire un plan marketing dont le produit est le plus beau au monde : VOUS !

RÉSEAU PROCHE PROFESSIONNEL

Il s'agit ici de vos managers, équipes projets, collaborateurs… qui connaissent :
- vos compétences techniques ;
- vos compétences non techniques ;
- vos envies, appétences…

Comment les mobiliser ? N'hésitez pas à faire des points de situations, à faire des retours sur les réunions ou les projets auxquels vous participez. Soyez proactifs, partagez vos documents ou vos éléments intéressants.

Faites des bilans personnels de ces projets en indiquant en quoi vous les avez trouvés intéressants et comment on pourrait aller encore plus loin.

Soyez source de propositions sur des axes qui sont les vôtres, mais également dans des domaines où l'on vous connaît peut-être moins bien. Par exemple : vous êtes informaticien et vous avez suivi un stage de gestion des conflits : faites circuler quelques enseignements, un article de presse, un dessin… Partagez ce que vous avez reçu : non seulement vous faites savoir que vous avez suivi cette formation, vous donnez un avis, mais encore vous partagez ce que vous avez retenu.

Voici une grille qui rendra opérationnelle votre démarche.

Nom/ Prénom	Coordonnées	Nature de relationnel (relation actuelle et quotidienne, ancienne et quotidienne, non quotidienne)	Mes compétences connues (par cette personne)	Mes compétences à faire connaître (à cette personne)

RÉSEAU INTERMÉDIAIRE

Clients, fournisseurs, intermédiaires divers et variés sont dans votre réseau au même titre que les managers et collègues des autres services qui ne travaillent pas en direct avec vous.

Valorisez votre équipe et vos projets, et ainsi vos compétences et autres qualités. Indiquez à ces personnes dans quelle mesure vous avez eu plaisir à participer à telle mission ou à tel projet et ce que vous en avez retiré. Une nouvelle fois, il convient de faire connaître d'une part les compétences techniques mises en scène, mais également et surtout les qualités managériales plus discrètes et moins facilement évaluables.

Pour ce faire sachez que le meilleur moyen de parler est de questionner et d'écouter vos interlocuteurs. Questionnez-les sur leurs centres d'intérêt, sur leurs missions en cours… accordez-leur du temps, soyez attentif et disponible et vous verrez que ce réseau intermédiaire pourrait bien devenir un réseau plus proche.

Vous avez le sentiment de le faire par intérêt ? Sentiment tout à votre honneur, mais dites-vous que cette attitude sera dans une relation gagnant/gagnant si vous savez renvoyer l'ascenseur… ou l'envoyez en premier !

En résumé, qu'il s'agisse de vos collègues proches, ou de relations professionnelles plus éloignées, faites connaître vos savoir-faire, compétences ainsi que l'envie que vous avez de les utiliser à terme. En le faisant savoir, vous augmentez naturellement vos chances que vos contacts pensent à vous au moment opportun.

Abandonnez cette culpabilité qui pourrait être la vôtre d'ainsi utiliser votre réseau… Elle sera légitime si effectivement vous utilisez vos relations sans leur rendre la pareille…

Gérez les autres

Et ceux qui ne vous aident pas ? Ne vous formalisez pas. Mais au moins qu'ils ne vous nuisent pas ! Ne tentez pas de convaincre ceux qui, d'une part, ne connaissent pas la démarche réseau en interne, ni ceux qui, d'autre part, ne veulent pas prendre la pseudo-responsabilité de recommander quelqu'un ! Si, si, ils existent ! Ils font partie de ceux qui craignent toujours de se tromper, qui se sentent en danger à la moindre prise de responsabilité... Ne renoncez pas à les aider, affirmez-vous aussi envers eux, on ne sait jamais, et faites-leur aussi savoir ce que vous valez, ce que vous souhaitez, etc., un jour un ascenseur peut revenir !

- Identifiez vos compétences techniques et non techniques
- Utilisez « à bon escient » votre réseau

Chapitre **8**
Réalisez-vous dans les groupes projet

Identifiez les projets qui vous intéressent et sachez pourquoi !

S'affirmer dans son poste certes, mais aussi dans les activités transverses peut se révéler payant à terme. Il y a de nombreux projets en interne, qui sont managés en transversal par des chefs de projet. Ce sont autant de relais potentiels en interne, si vous savez vous faire connaître et alors intégrer ces projets.

On ne vous les a pas proposés ? Et alors ? Que risquez-vous à demander à participer ? Vous avez une compétence pointue sur un des axes de ce projet, il vous intéresse par son côté transverse, il concerne de près ou de loin votre activité... bref, il vous suffit de trouver un bon motif pour formuler la demande.

Commencez par faire un travail d'évaluation de ce projet en fonction de ce que vous en savez aujourd'hui :

1. Le projet vient de démarrer   Oui – Non
2. Le projet est transversal   Oui – Non
3. Le projet concerne mon activité   Oui – Non
4. Je connais le chef de projet   Oui – Non
5. Je connais d'autres membres de l'équipe   Oui – Non
6. J'ai des compétences connues utiles au projet   Oui – Non

7. J'ai utilisé ailleurs des compétences utiles   Oui – Non
8. Je connais la nature du projet   Oui – Non
9. J'ai déjà participé à un projet similaire   Oui – Non
10. J'aime les nouveautés   Oui – Non
11. Je sais cumuler une fonction et un projet   Oui – Non
12. Je serai fier de participer à ce projet   Oui – Non
13. Ce projet ne remet pas en cause ma motivation pour mon poste actuel (je n'y vais pas par fuite !)   Oui – Non
14. Ce projet me permettra de me faire connaître d'une nouvelle équipe   Oui – Non
15. Ce projet est ambitieux et j'aime ça   Oui – Non
16. Mes managers ne devraient pas s'opposer à ma participation au projet   Oui – Non
17. Mes managers bénéficieront aussi de ma participation à ce projet   Oui – Non
18. J'organiserai mon travail afin que mon équipe actuelle ne souffre pas de ma participation à ce projet   Oui – Non
19. Mon organisation personnelle (équilibre vie privée/professionnelle) me permet la participation à ce projet   Oui – Non
20. Globalement, il y a plus d'avantages que d'inconvénients à ma participation à ce projet   Oui – Non

Quand vous aurez procédé, de la façon la plus objective possible, à l'évaluation de l'intérêt, pour vous et votre entourage, de votre participation au projet, passez alors à l'étape de l'évaluation de votre valeur ajoutée pour le projet.

Identifiez votre valeur ajoutée pour le projet

Partons du principe que vous souhaitez valoriser votre participation à ce projet... Quelles sont les compétences techniques et non techniques que vous pouvez mettre en évidence pour « vendre » votre intégration... Et qu'en est-il pour votre manager actuel, qui pourrait voir d'un mauvais œil que vous utilisiez du temps (sûrement déjà chargé) pour une autre activité... Aussi utile soit-elle pour l'entreprise !

Commencez par le plus simple... Vos compétences techniques utiles au projet !

1. Mes compétences en langues : ....
2. Mes compétences en informatique : ....
3. Mes autres compétences techniques, lister :..

Faites une auto-évaluation de vos compétences non techniques, qui seront utiles au projet. Indiquez sur une échelle de 1 à 10 la note que vous vous mettez, le plus objectivement possible, sur ces différents points :

1. Capacité à suivre les consignes
2. Capacité à intégrer une nouvelle équipe
3. Recherche d'idées innovantes
4. Communiquer avec un grand groupe
5. Gérer mon stress
6. Gérer mes émotions
7. Gérer le stress de l'équipe
8. Gérer les émotions de l'équipe
9. Réguler les conflits potentiels
10. Gérer mon temps
11. Organiser un grand nombre d'activités en simultané
12. Planifier mon travail

13. Gérer les urgences
14. Accepter les imprévus
15. Entendre une critique
16. Formuler une critique
17. Faire face aux idées des autres
18. Valoriser mes idées
19. Promouvoir le projet
20. Promouvoir le projet dans l'adversité

En bref, il s'agit ici de chercher les qualités qui sont les vôtres dans le cadre d'un management de projet.

Formulez votre demande !

Vous voilà alors confiant dans le fait :

- que vous êtes légitime sur ce projet ;
- que vous saurez vous organiser sans faire peser le poids de vos absences sur vos collègues ;
- que vous saurez vous intégrer à cette équipe transverse... Vient alors le moment de la demande à vos deux managers : votre manager direct et le chef de projet.

Formuler une demande – on le verra dans le chapitre suivant – est à la fois simple et complexe. Mais pour la rendre encore plus simple sachez aller droit au but ! Que voulez-vous ? Participer à ce groupe projet... eh bien dites-le sans ambages !

Une méthode simple en 5 P[1] pour formuler une requête :

- P comme « pourquoi vous » ?
- P comme « pourquoi moi » ?

---

1. *Source* : Cegos, formation « Argumenter : un levier pour convaincre ».

- P comme « pourquoi cette demande ou ce projet » ?
- P comme « pourquoi maintenant » ?
- P comme… « comment faire ! » ou Procédé !

POURQUOI VOUS, OU POURQUOI TOI ?

« Je m'adresse à vous en tant que manager, parce que vous avez la latitude de prendre des décisions, de donner des conseils » et surtout parce que c'est à cette personne que vous rendez des comptes sur votre activité quotidienne…

Par ailleurs, de sa position de manager, il connaît sans doute l'existence du projet et ses enjeux… Utilisez alors ce ressort pour en savoir éventuellement plus.

En clair, vous précisez le positionnement que vous attendez de lui. Vous vous adressez à votre manager pour qu'il prenne une posture de manager dans cette requête : il va devoir trancher, prendre une décision après vous avoir écouté.

POURQUOI MOI ?

Parce qu'à la fois vous êtes son collaborateur et qu'en même temps vous avez évalué des compétences qui pourraient servir tel ou tel projet. Vous allez mettre en avant ici vos qualités, en termes de compétences techniques et non techniques. N'hésitez pas à les valoriser lors de cet entretien : même si la réponse devait être négative, tout ce travail ne sera pas perdu puisque vous les aurez au moins précisées dans l'esprit de votre manager et il y a fort à parier que le moment venu il saura s'en souvenir.

POURQUOI CETTE DEMANDE OU CE PROJET ?

Dans ce troisième axe, vous valorisez la nature ou le contenu du projet. Il est question de montrer le bénéfice de votre participation pour cette équipe que vous allez rejoindre et pour l'avancement de la démarche. Profitez de ce moment pour déjà montrer votre motivation et votre capacité à défendre des projets. Un point qui a aussi de l'importance pour votre manager s'il devait vous répondre négativement.

POURQUOI FORMULEZ-VOUS CETTE DEMANDE MAINTENANT ?

Il y a ici de nombreuses raisons dont le démarrage potentiel du projet, le fait que vous venez de prendre conscience de ce que vous pouvez lui apporter, qu'une personne vous a sollicité… Pas question dans cet axe-là d'avancer votre éventuelle baisse de motivation ponctuelle pour votre poste… ce ne serait qu'une démarche par défaut et qui ne serait pas porteuse de résultats. Bref, vous expliquez en quoi et pourquoi cette demande est formulée aujourd'hui : elle est le résultat d'une réflexion et d'une démarche, pas d'un coup de tête.

PROCÉDÉ OU PLAN

Enfin vous allez annoncer comment vous pensez vous y prendre pour cumuler une fonction qui reste la vôtre et la participation à ce projet.

En clair, il s'agit de rassurer votre manager sur le fait qu'il ne perd pas une ressource, mais que c'est une ressource qui rejoint le projet. Alors naturellement votre motivation pour le projet doit être réelle car vous risquez de jouer serré avec les emplois du temps !

N'oubliez pas : au final, vous cherchez à vous affirmer dans un contexte professionnel… ! Ne perdez pas cet objectif de vue. Quelques efforts d'organisation sont donc envisageables !

- *Identifiez les groupes projet qui vous intéressent*
- *Valorisez les compétences utiles à ces groupes*
- *Formulez votre demande en 5P*

Partie **3**

AFFIRMEZ-VOUS À L'ORAL EN FACE À FACE

« La vie est comme une bicyclette :
il faut avancer pour ne pas perdre l'équilibre. »
(Einstein.)

S'exprimer… curieusement on apprend à parler en trois petites années, mais nous ne savons pas, une fois adulte comment nous exprimer dès que les situations sont tendues, ou dès que nous y percevons, à juste titre ou pas, un enjeu ! Pourquoi est-ce si difficile ? Quels sont nos principaux freins ? Quelles sont ces croyances qui nous empêchent d'être nous-mêmes ?

Nous allons envisager ici différentes situations d'expression et d'affirmation dans une relation de face à face.

Dans la partie 4 de l'ouvrage nous travaillerons l'expression orale face à un groupe.

Travaillons alors la demande, l'expression d'une critique, et sa gestion lorsque c'est à notre tour d'en recevoir une ; le compliment et le fait de dire « non » !

Chapitre 9

Exprimez-vous !

Testez votre capacité à demander !

 **TEST : ÉVALUEZ VOTRE CAPACITÉ À DEMANDER QUELQUE CHOSE À UN COLLABORATEUR, MANAGER, COLLÈGUE, ASSISTANT**

1. Face à votre ordinateur en panne :

a) Vous contactez un collègue sympathique qui s'y connaît un peu…

b) Ou vous envoyez un mail à la direction informatique et maintenance, pour une intervention rapide.

2. Pour des raisons personnelles, vous avez besoin d'être remplacé samedi pour l'astreinte :

a) Vous faites une demande officielle de congés exceptionnels.

b) Vous ne changez rien, vous irez avec votre téléphone mobile voir la compétition de vos enfants.

3. Vous avez besoin de prendre une décision :

a) Vous demandez un conseil à un expert, même si vous ne le connaissez pas bien.

b) Vous contactez quelqu'un en qui vous avez confiance, même s'il n'est pas très expert, vous lui expliquerez.

4. Votre voiture est en panne… :

a) Vous demandez à Paul, un collègue, qui habite près de chez vous de passer vous prendre.

b) Vous sollicitez votre conjoint.

5. Paul a décliné votre demande. Il ne peut pas vous conduire :

a) Pourquoi, alors qu'il habite à côté de chez vous ? Vous ne comprenez pas son refus.

b) Vous vous organisez et lui demanderez au bureau s'il peut vous raccompagner ce soir.

6. Quand on vous dit « non » :

a) Vous cherchez une autre solution.

b) Vous négociez à tout prix.

7. Quand on vous dit « non » :

a) Vous voulez savoir pourquoi !

b) Vous le prenez comme tel, cela ne change rien.

8. Quand vous avez un service à demander :

a) Vous sollicitez d'abord les relations amicales.

b) Vous sollicitez le premier qui se trouve sur votre chemin.

9. Quand vous avez un conseil à demander :

a) Vous sollicitez les relations dont les opinions sont proches des vôtres.

b) Vous questionnez un collègue au hasard dans les couloirs, si possible celui qui s'y connaît.

10. Dans votre entreprise, il vous est plus facile de faire une demande :

a) À un collègue plutôt qu'à votre manager…

b) Vous ne faites pas de différence.

Exprimez-vous !

COMPTEZ VOS POINTS

1		2		3		4		5		6		7		8		9		10	
A	B	A	B	A	B	A	B	A	B	A	B	A	B	A	B	A	B	A	B
0	1	1	0	1	0	1	0	0	1	1	0	0	1	0	1	0	1	0	1

résultat du test

Moins de 4 points : Dépendant affectif
Vous sollicitez vos collègues dès lors qu'une relation de confiance, voire amicale, est construite. Dans ces cas-là, vous savez qu'ils vous rendront service sans compter et pour vous c'est important. La réciproque est d'ailleurs vraie : il est agréable de travailler avec vous et vous avez du plaisir à travailler avec les autres.
Attention : vous risquez d'une part de vous mettre ou de les mettre en porte-à-faux en leur faisant prendre des positions et participer à des décisions alors qu'ils ne sont pas experts du sujet. Et qu'en sera-t-il de ces relations s'ils sont contraints de vous dire non ? Ne risquez-vous pas d'interpréter ce refus ponctuel ?

Entre 4 et 7 points : Interdépendant professionnel
Vous savez formuler une demande de façon simple et claire et mettre de l'empathie dans votre expression, de la même manière d'ailleurs lorsque vous déclinez une demande. Vous savez faire avec doigté. Bravo, vous savez ce qu'est une relation gagnant-gagnant.
Attention : ne donnez pas de leçon et acceptez que les autres puissent être plus en attente dans la relation.

Plus de 7 points : Indépendant professionnel
Vous sollicitez de manière factuelle les experts au bon moment. Vous faites des notes de synthèse claires et exprimez facilement vos requêtes et d'ailleurs vous répondez facilement « non » à celles qui pourraient vous déranger.

Attention : mettez un peu de liant dans vos relations sans tomber dans l'excès et, de temps en temps, expliquez en quoi et pourquoi vous ne donnez pas suite, cela pourra rassurer ceux qui se sentiraient mis en cause personnellement.

Mais que voulez-vous donc ?

Identifiez votre souhait réel ou votre objectif. Qu'allez-vous demander et « pour quoi », au sens dans quel but, pour satisfaire quel besoin ?

Pour ce faire posez-vous les questions suivantes et répondez-y avec le plus d'honnêteté possible. Il n'y a pas de bonnes ou de mauvaises réponses. Ce sont les vôtres à un instant T.

- Que voulez-vous ? Quel est votre but ? Que souhaitez-vous ?
- Dans quel contexte se situe votre demande ? Est-elle urgente, pressée, importante, prioritaire, essentielle ou vitale, ou juste satisfaisante ? La nature de cette réponse vous indiquera en réalité la pression qu'il vous sera utile de mettre ou pas, à votre interlocuteur.
- De qui dépend votre satisfaction, et de quoi ? Avez-vous plusieurs personnes que vous pouvez solliciter, auquel cas, vous trouverez toujours une solution ? Ou alors, l'interlocuteur importe peu, car la question ne mérite pas une expertise majeure, mais, en revanche, vous avez un délai important à respecter…
- En quoi est-ce important pour vous ? Qu'est-ce que cela vous apportera de l'obtenir ?
- Quelle est l'écologie réelle derrière l'atteinte ou la réalisation de cet objectif ? Qu'avez-vous à gagner (ou à perdre) à l'atteindre (ou à ne pas l'atteindre) ? Faites le calcul du bénéfice – risque.

Répondez avec intégrité à ces questions. Même si elles vous paraissent basiques, elles vont en réalité vous permettre de prendre conscience de vos motivations réelles.

Bref, mesurez l'investissement que vous êtes prêt à mettre dans l'atteinte d'un vrai objectif... et vous constaterez alors combien il vous sera plus facile de formuler votre demande et de choisir le bon interlocuteur.

À qui allez-vous demander cela ?

Comme nous l'écrivions dans le paragraphe précédent, la demande que vous formulez suppose-t-elle d'être accomplie par une personne bien précise et identifiée, ou peut-elle être satisfaite par plusieurs ? La priorité est-elle le moment, le lieu, ou la personne ?

Lorsque vous aurez identifié votre interlocuteur, posez-vous quelques questions encore :
- Qu'est-ce que cela va LUI apporter de me rendre ce service ou de me donner ce conseil ?
- Quel sera SON bénéfice, son intérêt ? Amical ? Professionnel, valorisant ?

Se poser ce type de questions permet d'accepter plus facilement une réponse négative, et aussi, éventuellement, de préparer son argumentation si on souhaite vraiment obtenir gain de cause.

Et n'oubliez pas de vérifier vos priorités : obtenir le conseil maintenant, ou de la part du meilleur expert ? Si c'est maintenant, soyez prêt à aller trouver quelqu'un d'autre ; si c'est le meilleur expert, alors prenez votre temps et acceptez ses contraintes !

Choisissez le moment

De nombreuses requêtes avortent pour cause d'urgence. Vous posez une question au moment où elle vous vient. Vous êtes dans votre urgence personnelle sans tenir compte de l'état d'esprit de la personne en face de vous.

Faites attention au moment où vous formulez une demande et vous verrez combien vous augmenterez vos chances qu'elle soit satisfaite.

Le moment pour vous... Certes vous avez envie de demander quelque chose, mais si la conversation devait durer un peu, serait-ce le bon moment ?

Le moment pour l'autre... Dans son organisation, même chez lui, même en train de lire la presse au bureau, faites attention et demandez si vous pouvez solliciter votre interlocuteur. Et pour le rassurer, donnez-lui immédiatement les éléments de votre demande.

> Au lieu de : « Je souhaite te voir un moment à propos du dossier... », dites : « Je souhaite te voir dix minutes à propos de tel dossier, car tes conseils me seront précieux », ou : « Je souhaite avoir ton avis », « Je souhaite que tu m'aides à prendre une décision », « Je souhaite que tu m'aides à réfléchir... », « Quand cela te sera-t-il le plus facile sachant que j'ai un délai à respecter qui est le suivant... ».
>
> Dans ces hypothèses, votre interlocuteur dispose d'un temps de son choix pour se préparer à répondre efficacement à votre attente en connaissant vos contraintes.

Formulez votre demande

Formulez ensuite votre demande (conseil, service ou aide) de manière assertive.

Qu'est-ce que l'assertivité ? Être assertif consiste[1] en plusieurs attitudes :

- être vrai, être soi-même, ne pas dissimuler ses sentiments ;
- jouer cartes sur table, négocier sur la base d'objectifs précis et clairement affichés ;
- être à l'aise dans le face-à-face ;

---

1. *Source* : Cegos, formation « Argumenter : un levier pour convaincre ».

Exprimez-vous !

- ne pas se laisser marcher sur les pieds ;
- maîtriser son environnement ;
- entretenir avec les autres des rapports fondés sur la confiance et non sur la domination et le calcul ;
- rechercher des compromis réalistes en cas de désaccord ;
- négocier sur la base des intérêts mutuels plutôt que sous la menace ou la contrainte.

L'assertivité s'oppose à trois attitudes inefficaces :

- la passivité : vous laissez les autres décider, agir, vous êtes alors suiveur ;
- l'agressivité : vous luttez et « mordez » afin de défendre vos intérêts alors que ce n'est pas forcément votre nature ;
- la manipulation : vous tentez de séduire ou de convaincre dans votre seul intérêt.

En pratique, comment faire pour formuler une demande de manière assertive ? Comment vous affirmer lors d'une demande ? En une phrase : supprimez les mots parasites, les mots noirs, les tics de langage, jargon et autres anglicismes.

LES MOTS PARASITES

Tous ces mots qui n'ajoutent aucune valeur à vos propos, au contraire, ils noient le poisson, perdent votre interlocuteur, induisent le doute... Pour éviter ces effets pervers, soyez factuel et précis.

Soyez précis

Que souhaitez-vous, sous quelle forme, pour quand... Identifiez toutes les caractéristiques de votre demande en laissant peu de place à l'imagination de votre interlocuteur. En effet, si vous attendez un service précis, un document, une action, vous risquez d'être déçu en ne disant pas ce que vous souhaitez. Votre interlocuteur, face à cette déception, pourra être désorienté, voire lui aussi déçu, ou encore en colère en ayant le sentiment d'avoir perdu son temps.

> « Je vous appelais pour demander si vous pourriez me rendre un petit service… mais je ne sais pas si cela vous sera possible… c'est à propos de ma voiture… je sais que nous avons en gros les mêmes horaires et que vous passez par l'avenue Paul-Doumer… »
> En réalité, la voiture de Stéphanie est en panne, mais cette dernière ne demande pas une réparation, elle sollicite un collègue pour qu'il la raccompagne au métro le plus proche en fin de journée… La demande devient donc : « Vous sera-t-il possible ce soir de me déposer au métro Jean-Jaurès, ma voiture est en panne, cela me fera gagner vingt minutes ? »

Parlez au présent ou au futur

Bannissez le conditionnel et l'imparfait de votre langage. Supprimez par exemple les formules du type « je vous appelais… » mais remplacez-les par une formule au présent « je vous appelle… », plus affirmative. Dans la formule à l'imparfait, un humoriste pourrait vous répondre « parce que vous ne m'appelez plus… » !

Le conditionnel, comme son nom l'indique, est le temps même du doute : « Je pourrais faire comme cela… mais aussi autrement… ». Ne laissez pas de place au doute dans la tête de vos interlocuteurs et vous verrez que vous enlèverez celui-ci de la vôtre !

> « Je vous appelle pour vous demander… » ou : « Je souhaite vous demander… » encore mieux : « Je vous demande tout simplement s'il vous sera possible de me conduire ce soir au métro Jean-Jaurès… »

Exprimez-vous !

Soyez JE !

Osez parler à la première personne du singulier. Ôtez de votre bouche le « on » trop vague, imprécis, qui induit le doute dans l'esprit de votre interlocuteur. Pourquoi parle-t-il des autres ? N'est-il pas sûr de lui ? Mais lui que veut-il exactement ? Quelle est son opinion ? Et dans une telle situation vous risquez alors de vous faire questionner car la personne en face de vous cherchera votre intérêt et votre position dans la demande que vous formulez. Anticipez donc, soyez simple et parlez à la première personne du singulier.

> « Dans l'équipe, on pense qu'il serait bien d'organiser une petite réunion prochainement afin de résoudre les quelques différends que nous avons eus et de mettre les cartes sur table pour la rentrée... »
> Qui sont les ON de l'équipe ? Est-ce réellement une demande de l'équipe ou de quelques-uns ?

Visez grand... refusez les petits !

Au sens où vous devez apprendre à être factuel, à refuser les « petits travaux », « un petit groupe de travail », vous n'avez pas « un peu » réfléchi... Remplacez ces termes vagues par des faits et des chiffres.

> « Avec quelques collègues, nous avons un peu réfléchi, et on pense qu'il serait intéressant de lancer un petit journal prochainement, afin de favoriser la communication sur nos projets... » deviendra : « Avec mes quatre collègues, nous avons animé une réunion d'une heure sur le thème de la communication projet. Nous proposons de mettre en place une lettre interne sur intranet, mensuelle... »

LES MOTS NOIRS

Rares sont ceux, parmi nos interlocuteurs, qui apprécient que nous leur apportions des problèmes, des soucis. En revanche, ils sont sensibles aux solutions, aux réflexions, aux alternatives et souhaitent se voir poser des questions simples et précises. C'est un gain de temps majeur pour tous. Aussi, supprimez, autant que possible ces mots noirs de votre langage et en particulier lorsque vous avez une demande à formuler…

> « On rencontre des difficultés dans la gestion d'un projet… on aimerait vous en parler… pourriez-vous nous recevoir un moment… » que vous remplacerez par : « Dans le projet x, nous avons deux solutions possibles. Nous souhaitons vous rencontrer afin de vous les présenter et de décider de celle que nous mettrons alors en application. Cette réunion durera environ 30 minutes. Quand cela vous est-il possible ? »

LES TICS DE LANGAGE

Les « tu vois », « finalement », « au jour d'aujourd'hui » et autres tics ponctuent sans aucune valeur ajoutée nos phrases. Bannissez-les avec ardeur et attachez-vous à faire des phrases courtes, simples… en prenant soin de bien conjuguer les SVC… Sujet-Verbe-Complément !

Il y a trois catégories de tics de langage : les tics de mode, les tics de tribu, les tics personnels.

Les tics de mode correspondent à une période. Ils sont lancés par des stars ou des personnes publiques et repris sans réflexion par le grand public, utilisés pendant une période courte, puis ils disparaissent. Les utiliser alors vous dévalorise.

« Ça le fait » est le tic en vigueur en 2007 et depuis un an. Cette expression signifie « ça va, ça ira, ça convient… ». Si « ça ne le fait pas » c'est qu'il faut trouver une autre solution, cela ne convient pas.

Les tics de tribu sont des mots appartenant à un groupe. Ils sont un code d'appartenance. Vous faites partie ou non de la tribu, donc vous pouvez ou devez utiliser ces termes. Il en est ainsi des termes régionaux ou familiaux. Attention, utiliser un tic de tribu alors que vous tentez de pénétrer la

Exprimez-vous !

tribu en question peut être rédhibitoire. Prenez le temps... et demandez-vous s'il vous est réellement utile d'utiliser ce terme pour entrer dans cette tribu ? Quel est votre objectif ? Ne pouvez-vous exister en tant que vous-même dans ce groupe ?

Les tics personnels sont des mots faciles, de tous les jours, qui ponctuent vos phrases, vos expressions. Ils n'ont en soi aucune valeur ajoutée au sens de la phrase, d'ailleurs si vous deviez écrire cette phrase, vous ne rédigeriez pas ces mots... et si vous parliez comme vous écrivez ? Il s'agit ici des « bon, alors... », « en somme »...

Tableau liste des mots parasites, noirs et autres tics et propositions de remplacement

Mots d'origine	À la place	Les miens
Mots parasites		
Petit, un peu	Quels faits, chiffres, données ?	
Quelques	Combien ?	
Certains, quelques-uns	Qui, Combien ?	
Mots noirs		
Problèmes	Alternatives	
Souci	Question	
Nous sommes face à une difficulté	Nous devons prendre une décision	

LISTE DES PRINCIPAUX TICS DE LANGAGE[1]

Cochez ceux que vous avez l'impression d'utiliser souvent et sur lesquels vous souhaitez travailler… pour les supprimer.

Tics de langage	Plus de 10 fois par jour	Entre 5 et 10 fois par jour	Moins de 5 fois par jour	De temps en temps
En fait, en réalité				
Quoi				
Ça le fait				
Incessamment				
Tu vois, tu sais				
Pourquoi pas ?				
J'ajoute, je confirme				
Ce que je veux dire…				
Oui mais non				
Il n'y a pas de souci. Il y a un souci.				
C'est vrai que…				
Moi, personnellement				
Je ne sais pas vous mais moi…				
Au niveau				
À propos de				
Par rapport à				
Concernant				
À ce sujet				
J'ajoute				
Je dirais				
Bon, donc, quoique…				

---

1. A. Schiffres, *Le Nouveau Dictionnaire des idées reçues, des propos convenus et des tics de langage*, Paris, J.-C. Lattès, 2008.

Exprimez-vous !

JARGON ET AUTRES ANGLICISMES

Combien de managers, de consultants, de commerciaux utilisent au quotidien des termes anglais ou francisés et des jargons techniques pour tenter de valoriser leurs idées, leurs recherches, leurs projets.

Et pourtant, bien souvent, c'est face à des idées simples, claires, que la séduction s'opère. Oui, c'est simple, mais encore fallait-il y penser. Alors retirez de vos expressions les termes complexes, faussement valorisants, souvent décrédibilisants. L'assistance téléphonique est sans doute aussi performante que la hotline, et on peut éviter de switcher en passant de l'anglais au français sans y perdre son latin !

- *Soyez simple…*
- *Parlez en votre nom : « je »*
- *Allez droit au but… sans brutaliser*
- *Évitez les mots parasites, les mots noirs et les tics de langage*
- *Sachez ce que vous voulez !*

Chapitre **10**
Conseil, aide, service… que voulez-vous ?

Demandez un conseil et accordez-vous le droit de ne pas le suivre

« Je souhaite te demander un conseil, ou avoir ton avis sur tel sujet… » Seulement voilà, votre interlocuteur vous donne un avis qui ne va pas dans le sens de ce que vous souhaitiez. Pire encore, sa façon de le formuler vous conforte dans l'opinion ou la décision inverse. Que faire ? Suivre cet avis malgré vous ou respecter votre opinion, assumer la liberté de vos choix, y compris celle de vos erreurs ?

La situation, pour beaucoup, est très difficile. Elle met en perspective une amitié, un respect, une certaine forme de dépendance affective ou professionnelle et une autonomie, une liberté.

Soyons clair : demander un conseil n'est en aucun cas un engagement à le suivre. Un conseil est un élément autonome qui s'ajoute à votre base de données personnelle pour prendre une décision. Si votre interlocuteur est contrarié parce que vous n'avez pas suivi son conseil, expliquez-lui votre démarche. Donner un conseil n'est en aucun cas prendre une décision. Alors déculpabilisez-vous dans ce cas-là. Prenez le conseil pour ce qu'il est… Laissez votre interlocuteur en faire ce qu'il veut.

Une question se pose alors en réalité : votre interlocuteur était-il le bon dans cette situation-là ? Une personne qui attend que ses conseils soient suivis est sans doute dans une relation de domination et d'influence forte, voire un rapport de pouvoir avec vous, mais également avec les autres. Ne tentez pas de gérer ce problème, ne vous justifiez en aucune manière. Vous demandez un conseil dont le but est de vous éclairer face à une décision que vous devez prendre et que vous seul assumerez.

Demander de l'aide ne fait pas de vous un faible !

Dans le cas précédent, vous demandiez un conseil. Ici il s'agit de demander de l'aide. La différence est essentielle car dans cette situation, si cette aide ne vous est pas apportée, vous pouvez vous trouver dans une situation délicate. Posons qu'elle vous est nécessaire pour avancer et que, sans elle, vous vous sentirez en difficulté ou dans une situation presque critique.

Définissez alors la nature de l'aide dont vous avez besoin. Voulez-vous être soutenu et disposer d'une aide morale et affective, avez-vous besoin d'argent, avez-vous besoin de formation, d'accompagnement de toute sorte ? Dites-vous que, malgré la bonne volonté des personnes qui vous entourent, plus elles sauront quoi vous apporter, plus elles auront envie de répondre à votre besoin, ou de vous trouver les solutions ailleurs, si elles ne peuvent pas elles-mêmes.

Mais encore faut-il le leur exprimer. Or, en situation délicate, le premier réflexe de beaucoup est de cacher la situation... ne pas afficher ses peurs, ses besoins, en un mot ses faiblesses. En revanche, si vous n'exprimez pas vos besoins et ressentis, ni ne donnez d'éléments sur l'aide attendue, vous allez générer une situation complexe. Vous aurez l'impression d'avoir exprimé quelque chose, qui sera en réalité resté implicite ; votre interlocuteur saisit alors, ou pas, une demande, qu'il traduit dans sa carte du monde avec ses repères et y répond à sa façon. Il y a alors de grandes chances qu'il y ait un écart énorme entre ce que vous attendiez et ce qui vous est apporté.

De fait, vous vous direz, légitimement : « Il ne m'a pas compris » et lui se dira sans doute : « Il ne sait pas ce qu'il veut. » Dans le meilleur des cas, vous en parlez et la situation se règle. Dans une autre hypothèse, vous restez chacun de votre côté sur ce non-dit et cette non-satisfaction et prêtant à l'autre des intentions qu'il n'avait pas.

Donc, surtout dans cette demande d'aide, soyez clair et précis, expliquez ce que vous attendez de la personne que vous sollicitez… et vous verrez que la situation sera simple.

Demandez un service sans être redevable à vie !

Vous voilà en panne de voiture, ou en panne d'ordinateur, ou vous cherchez un hébergement pour quelques semaines dans une ville… enfin, bref, vous connaissez quelqu'un qui pourrait bien vous aider dans cette situation sensible qui est la vôtre. Vous décidez donc de lui demander un service, en vous disant que pour une fois… il pourrait bien vous le rendre, que cette fois c'est vous qui demandez, que jamais vous ne lui avez demandé quoi que ce soit… etc. Bref, vous justifiez votre demande et de ce fait construisez un rempart au refus. Et pourtant !

Pourtant votre interlocuteur a complètement le droit de vous dire non. Il n'a en aucune façon une obligation de répondre par la positive à votre requête. En effet, il peut avoir une autre vision de votre relation, ou tout simplement des contraintes personnelles qui l'empêchent de vous satisfaire.

Dans une première option, un passif relationnel ne l'incite pas à vous répondre positivement. Mais ce genre de situation restera rare, car vous-même, si tel est le cas, ne l'aurez pas sollicité.

Dans une seconde option, tout est au beau fixe entre vous, mais il ne peut pas, ou cela tombe mal pour lui… ou tout simplement il ne souhaite pas

Conseil, aide, service… que voulez-vous ?

vous prêter sa voiture… ou sortir de chez lui maintenant… A-t-il besoin de se justifier ? Non, en aucun cas. Est-ce que pour autant cela change sa vision de votre relation, sans doute pas. Mais à vous de faire un travail similaire pour accepter ce refus comme possible et ne pas en faire une affaire d'hommes mais une affaire de circonstances.

Ce travail n'est pas simple, certes, car le refus de la requête peut souvent être lié à un refus de la personne. « Il ne dit pas non à ce que je demande… il me dit non à moi ! » Ce n'est pas le cas. Il dit non à la nature de la requête, au moment de la requête… c'est tout. C'est son droit le plus strict et c'est également le vôtre lorsqu'on vous sollicite, et que la requête contrarie votre activité.

Accordez alors aux autres le même droit qu'à vous-même : dire non !

Dans l'hypothèse favorable où votre requête a été honorée, ne vous sentez pas débiteur *ad vitam aeternam* ! Dites-vous que votre interlocuteur vous a rendu service, certes, remerciez-le, mais ne tenez pas une comptabilité mentale des entrées et des sorties de service. Vous prendriez alors le risque d'établir une relation de dépendance affective ou pratique avec cette personne. Vous vous sentiriez alors « obligé » de dire oui à ses prochaines demandes… alors que vous pourriez vous mettre en difficulté ! Ce n'est pas le but.

- *Conseil, aide, service ne font pas de vous un faible ou un incompétent !*
- *Ne faites pas de comptabilité*

Chapitre **11**
Comment gérer la réponse ?

Une fois la demande formulée, il faut gérer la réponse. En effet, elle n'est pas forcément celle que nous attendons ! Nous sommes parfois certains d'obtenir un oui franc et massif et nous nous voyons opposer une fin de non-recevoir, ou un oui hésitant ! À l'inverse, nous formulons une demande... certains de ne rien obtenir et voilà la bonne surprise !

Dans un cas comme dans l'autre, en réalité, comment gérer notre interlocuteur et comment accepter, ou pas, sa réponse... ? Faut-il, par exemple, argumenter à tout prix, ou pas ? Faut-il remercier et comment ? Autant de questions auxquelles nous vous proposons de réfléchir ici.

Argumenter ou pas ?

Mathieu argumente en permanence même quand il n'en a pas besoin. Il justifie toutes ses décisions en expliquant « que c'était une opportunité formidable, que l'objet acheté était en promotion... », etc., alors même que personne n'objecte quoi que ce soit à son achat ! Quel est son besoin ? Se rassurer lui-même peut-être.

Vous avez fait une demande et votre interlocuteur a répondu positivement sans hésiter. Ne cherchez pas à le convaincre qu'il a eu raison, que c'est la bonne décision, qu'il ne le regrettera pas... Là, il va commencer à le regretter !

Comment gérer la réponse ?

Il vous a répondu par la négative en vous donnant la raison ? Restez dessus, c'est sa raison. Elle peut ne pas vous sembler légitime. Vous pouvez alors demander si cette décision est irrévocable ou pas ? En vous préparant à entendre un potentiel « oui » ! Et alors ? Cela ne remet sans doute pas en cause votre relation avec cette personne.

Cependant, et nous revenons alors au point précédent, votre demande ne peut, pour des tas de raisons, être satisfaite que par cette personne... Dites-le lui. Expliquez-lui également en quoi pour vous c'est important. Alors, cette personne vous expliquera en quoi pour elle c'est important de vous dire non et vous comprendrez la réelle objection.

Comme vous l'aurez compris, il ne s'agit pas d'argumenter à tout prix, mais de savoir ce que vous voulez et de quelle manière vous pouvez l'obtenir, auprès de qui, et surtout ce que cela vous apportera par la suite.

Écoutez la réponse et dissociez-la de la personne qui la donne

Vous avez formulé votre demande et contrairement à votre attente votre interlocuteur n'y répond pas. Il n'a pas le temps, se refuse d'être l'expert du sujet en question... Bref, que ce soit un conseil ou un service, vous faites face à un « non », clair et posé.

Quel est le passif entre vous et cette personne ?

Dans neuf cas sur dix, ce passif sera neutre ou bienveillant... Restez alors dans ces dispositions-là ! Ne cherchez pas plus loin l'explication d'un « non », ne rentrez pas dans un conflit. Vous avez le droit de demander, il a la liberté de dire « non » à votre requête sans pour autant rejeter la personne bienveillante et professionnelle que vous êtes.

Il y a alors deux options. Selon vous, cette personne est vraiment essentielle dans votre requête, il n'y a qu'elle qui puisse répondre et vous avez de vrais arguments dans ce sens. Dites-les-lui et demandez-lui alors quand vous pouvez revenir.

Dans un autre cas, il y a sans doute d'autres personnes qui peuvent vous apporter ces réponses et ce qui importe, ce sont les réponses et non les personnes qui les apportent. Demandez-lui alors de vous donner les noms de ces personnes-là afin de les solliciter en expliquant que « pour vous ces éléments de réponse sont essentiels, que vous comprenez que vous dérangez, mais il vous les faut... ». Vous serez alors réorienté vers d'autres interlocuteurs. Et vous atteindrez votre objectif.

Et dans le cas sur dix où le passif avec cette personne ne justifiait pas que vous puissiez espérer une réponse favorable, demandez-vous alors pourquoi, dans quel but, vous aviez quand même formulé cette demande ? N'aviez-vous pas un autre objectif implicite... masqué par la demande explicite ? Avez-vous alors atteint votre objectif implicite ? Quels sont les risques pris et quel est votre bénéfice ?

Remerciez et concluez, ne faites pas de comptabilité !

Vous avez obtenu une réponse favorable à votre demande ou pas, remerciez votre interlocuteur, soit du temps, soit de l'écoute dont il a fait preuve ou de la nature de la réponse apportée.

Mais le plus satisfaisant pour quelqu'un qui répond à une question, une sollicitation, un service, ou qui donne un conseil, est de savoir ce qui a été décidé ou fait par la suite. De quelle manière vous avez ou non utilisé ce qui vous a été dit ou remis, dans quel contexte et avec quels résultats ? Ce remerciement-là vient donc quelque temps plus tard et prend toute sa valeur dans le fait qu'il est déconnecté de l'instant de la demande. Il démontre une attitude de gratitude réelle.

Comment gérer la réponse ?

Pour autant devez-vous vous sentir redevable ? La question est posée. En effet, certains n'osent pas formuler de demande dans la mesure où ils vont par la suite s'estimer redevables de quelque chose. Non. La relation avec la personne évolue du fait de la demande satisfaite mais en aucun cas les événements ne sont liés entre eux dans le temps. Vous avez rendu service et pour autant lorsque vous sollicitez cette même personne, il se peut que vous tombiez mal… et l'inverse est vrai. Ne tenez pas une comptabilité des services rendus avec une sorte de débit et de crédit. Dites-vous que si vous avez rendu service, donné un conseil à un instant *t* c'est que vous y trouviez aussi quelque bénéfice. Vous ne l'avez pas fait sous la contrainte, vous aviez le choix de refuser, vous avez fait celui de dire « oui », ne comptez pas les points. Et faites le même raisonnement en sens inverse.

- *Cessez d'argumenter…*
- *Ne vous sentez pas redevable…*
- *Donnez-vous le droit de ne pas suivre un conseil*

Chapitre 12
Faites ou recevez une critique

Il n'est pas forcément facile de critiquer quelqu'un. Nous faisons alors face à des freins légitimes qui vont de la crainte d'être rejeté ou mal aimé, à celle de se tromper, ou de se voir critiqué à notre tour... Au final, nous sommes dans une situation où nous prenons le risque de ne pas dire ce que nous pensons, alors que...

... La critique peut être source de progrès ; formulée avec bienveillance, elle n'est pas forcément mal prise, etc.

Voyons alors comment nous gérons la critique, celle que nous adressons à autrui et celle qu'autrui nous adresse... à tort ou à raison.

Testez votre résistance à la critique

Répondez « honnêtement » aux questions ci-dessous et reportez vos points dans les tableaux.

1. Un de vos collègues vous adresse une critique par mail : « Tu n'aurais pas dû faire cela » :

a) Vous allez le trouver pour en discuter.

b) Vous expliquez par mail la raison de vos actes.

2. Un manager vous invite à venir le voir à propos d'un dossier sur lequel vous savez avoir été léger :

a) Vous préparez vos arguments.

b) Vous y allez assez serein, en sachant que la critique est justifiée.

3. Lors de la réunion hebdomadaire du service, vous êtes mis en cause publiquement de façon injustifiée :
a) Vous vous mettez en colère et donnez votre version des faits.

b) Vous expliquez que vous auriez souhaité cette discussion en aparté.

4. Lors de la réunion de service hebdomadaire, vous êtes mis en cause, et cette fois la critique est justifiée :
a) Vous assumez votre erreur, tout en signalant que vous auriez apprécié qu'on vous en fasse part en face à face.

b) Vous tentez de justifier votre erreur par des éléments qui vous manquaient certainement à ce moment-là.

5. Un manager de l'entreprise critique un de vos collègues, absent ce jour-là :
a) Vous vous éclipsez discrètement, en indiquant que vous avez un appel à passer.

b) Vous écoutez et ferez un retour au collègue en question dès demain.

6. Votre manager est en colère contre un de vos collaborateurs et il vous charge de lui faire une critique :
a) Vous transmettez le message dès que possible, aussi factuellement que possible.

b) Vous faites le tampon entre votre manager et votre collaborateur, et ne transmettez pas le message : cela pourrait nuire à la motivation de ce dernier et ce n'est pas si grave... selon vous.

7. Vous devez réprimander votre collaborateur qui arrive en retard à chaque réunion, ne prépare pas ses dossiers et dont la tenue dénote de la démotivation...
a) Vous listez tous les reproches et le convoquez à un entretien.

b) Vous lui faites part d'un des points, le plus important, aujourd'hui, en vous appuyant sur un exemple concret.

8. Un collègue est en désaccord avec vos opinions et les critique :
a) Vous lui expliquez que les opinions sont libres et que vous respectez la sienne.

b) Vous tentez de le convaincre par des arguments que vous savez percutants.

9. Des critiques circulent à votre endroit dans le service :
a) En réunion de service, vous dites les avoir entendues et y être sensible, et demandez que désormais elles soient formulées en face à face.

b) En réunion de service, vous demandez qui a formulé ces critiques, afin d'en discuter avec cette personne ensuite.

10. Un collègue critique quelqu'un que vous aimez bien de façon virulente :
a) Vous faites cesser cette critique, en indiquant vos sentiments pour cette personne, et en refusant d'en entendre plus.

b) Vous argumentez pour défendre cette personne.

COMPTEZ VOS POINTS

1		2		3		4		5		6		7		8		9		10	
A	B	A	B	A	B	A	B	A	B	A	B	A	B	A	B	A	B	A	B
1	0	0	1	0	1	1	0	1	0	1	0	0	1	1	0	1	0	1	0

Faites ou recevez une critique

résultat du test

Moins de 4 points : la critique vous dérange
Que vous deviez la formuler, la recevoir, qu'elle soit justifiée ou non, vous êtes mal à l'aise dans une situation de critique. Vous tentez d'y échapper et vous vous justifiez pour vous défendre. Vous serez également très sensible à la personne qui vous adresse cette critique.
Attention : une critique n'est pas nécessairement une attaque, elle peut être formulée de façon constructive et permettre de progresser. Par ailleurs, elle est dirigée vers un acte et ne remet pas en cause la personnalité ou les relations établies avec une personne ou avec vous.

Entre 4 et 7 points : vous acceptez la critique
Vous acceptez la critique justifiée et savez faire la différence entre une critique et une attaque personnelle. Cependant, vous perdez vos moyens en public, ou face à l'injustice. Pour vous ce sera une question de forme.
Attention : la critique formulée en public peut être une simple maladresse. Ne la prenez pas comme un règlement de comptes et ne la transformez pas en lutte.

Plus de 7 points : la critique est un feed-back nécessaire
Non seulement vous acceptez la critique, mais vous savez gérer et faire face à celles qui ne sont pas justifiées. Dans ces cas-là, vous vous dites qu'il y a un différend avec la personne et vous tentez de le résoudre. Par ailleurs, vous recherchez régulièrement un feed-back, ou un retour, de vos collaborateurs afin de progresser. Formuler une critique est facile également pour vous : vous savez faire la différence entre acte et personne.
Attention : méfiez-vous que votre recherche de feed-back ne passe pas pour une recherche de valorisation et n'assénez pas des critiques, mêmes positives et constructives, en permanence...

Sachez formuler une critique

Par définition : une critique est une information donnée à Quelqu'un sur une décision, une action, un comportement et surtout sur les conséquences que ces éléments ont pu avoir sur un entourage, ou un environnement.

Critiquer, c'est donc examiner, juger, commenter... Dans son sens le plus commun, la critique est souvent associée au blâme ou à la réprimande. Mais une critique peut très bien être favorable, positive et encourageante.

Naturellement, dans cet ouvrage, nous nous attacherons à la réprimande, plutôt qu'à la version positive de la critique, dans la mesure où c'est la plus difficile à formuler ou à entendre.

Quel est donc le processus[1] favorable à l'expression d'une critique, d'un blâme ou d'une réprimande à un collègue, un manager, un collaborateur ?

ÉTABLISSEZ UN CLIMAT DE CONFIANCE ET DE RESPECT ENTRE LES INTERLOCUTEURS

Si vous devez formuler une critique, veillez à votre intégrité : Quel est votre but en formulant le reproche ? Il s'agit ici de donner des informations à une personne, sur l'impact que son comportement a pu avoir sur l'environnement, l'équipe... Il ne s'agit pas de régler des comptes, de chercher à nuire, mais de conserver entre les membres de l'équipe une atmosphère propice à la bonne réalisation de la mission de chacun. Et c'est dans ce but que la critique sera formulée et permettra le respect des uns et des autres.

Mettez-vous en position d'écoute active.

Face à la critique, votre collègue pourra souhaiter s'expliquer, se défendre, voire pensera la critique infondée ou trop importante par rapport à sa vision de la situation. Mettez-vous en situation d'écoute active : c'est-à-

---

1. *Source* : Cegos, formation à « Manager, gérez les conflits au quotidien ».

Faites ou recevez une critique

dire d'accepter sa vision, de chercher à le comprendre avant de chercher à être compris, d'écouter ses arguments et de faire preuve d'empathie si vous sentez que votre critique a eu un impact fort sur lui.

Choisissez le moment, tant pour vous que pour votre interlocuteur.

Une critique est circonstanciée et se fait peu de temps après le constat des faits reprochés. En effet, l'attente cautionne ses derniers ou peut provoquer au contraire une prise d'importance de l'événement. N'attendez donc pas que la soupape explose.

Cependant, faites en sorte de « proposer » le moment de la critique à votre collaborateur afin que lui aussi soit dans une position d'acceptation. Évitez par exemple une critique juste avant que votre collègue ne parte en rendez-vous ou ne rentre chez lui. Il ruminera alors vos propos et ne disposera pas de moyen de réponse ou de questionnement.

N'oubliez pas que la critique est constructive, elle doit permettre de changer des comportements, elle ne doit pas être une mise en défaut, ou une accusation.

DIFFÉRENCIEZ CRITIQUE ET JUGEMENT DE VALEUR

Une critique est ponctuelle et ne remet pas en cause les qualités de la personne et son intégrité. Abstenez-vous de tout jugement de valeur. Vous pouvez être en désaccord avec une personne, ou ne pas apprécier un comportement, signalez alors que votre opinion est différente de la sienne et en quoi son comportement est gênant pour vous ou pour l'entourage, mais ne ponctuez pas cette critique d'un « c'est bien ou mal… ». Cela est un jugement de valeur.

APPUYEZ-VOUS SUR LES FAITS ET SEULEMENT LES FAITS

Une critique est factuelle, concrète, porte sur des actes précis, identifiés. Par exemple : « Je note qu'aujourd'hui vous êtes arrivé à 10 h 00, alors que les horaires fixes signalent une prise de fonction à 9 h 30. C'était également le cas, lundi et mardi. Je vous demande de respecter les contraintes collectives. » Les faits sont donc observables par tous et c'est aux faits que la critique fait référence.

ÉVITEZ LES GÉNÉRALISATIONS

Ne tombez pas dans le piège de la généralisation : « Vous êtes toujours en retard ! » En agissant de la sorte, vous enlevez à cette personne l'envie de changer ses comportements car vous la cataloguez comme retardataire.

FAITES UNE CRITIQUE LIMITÉE

Même si un collaborateur a plusieurs comportements dérangeants ces derniers temps, limitez la critique à un ou deux. En effet, un volume de critiques, même justifiées, trop important ne va pas inciter cette personne à changer, car les efforts lui sembleront trop lourds et éventuellement la cause, perdue !

BANNISSEZ LES INTERPRÉTATIONS

Si nous reprenons l'exemple ci-dessus, évitez de dire : « Je pense que vous n'êtes pas très motivé en ce moment... » Vous êtes dans l'interprétation. Ce qui importe est que la personne arrive à l'heure, afin de tenir son poste et de permettre à tous de travailler dans les meilleures conditions.

DEMANDEZ UN FEED-BACK

Vérifiez que le message que vous souhaitiez passer l'a été effectivement et que votre collègue a bien compris qu'il devait changer un comportement, mais que vous ne remettiez pas en cause ses qualités, sa personne et encore moins la relation que vous avez avec lui.

Faites ou recevez une critique

Assurez de votre soutien

Une fois la critique émise, assurez bien votre collaborateur de votre soutien. La collaboration n'est pas remise en cause, ni la qualité de la relation. Mais si cela vous semble évident, dites-vous que celui qui vient de recevoir la critique, n'en est pas forcément convaincu. À ce moment-là, ne misez pas sur l'implicite ! Dites-le-lui !

Et face à un groupe ?

Il se peut que vous ayez une critique à faire globalement à votre équipe. Agissez avec doigté afin de ne pas mettre cette dernière contre vous. Commencez par questionner sur le sujet sensible. Quelle est leur vision de la situation ? Leur semble-t-elle normale ? Donnez alors votre vision, en vous attachant encore une fois aux faits tels que vous les voyez, aux incidences que cela a, ou a eues et invitez toute l'équipe à chercher un autre comportement, un autre mode de fonctionnement. Positionnez-vous dans la recherche de solutions, vers l'avenir, plutôt que dans la recherche de causes et l'application de sanctions.

Remettez dans l'action !

Après la formulation de la critique, incitez au passage à l'action. Quels sont les engagements pris par les parties, comment, dans quels délais, comment mesurerez-vous les progrès accomplis dans le court terme ? Bref, une critique est utile si elle est suivie de ce qu'on peut appeler un « plan de progrès » !

*La critique **FISSA** !*
*1. **F** comme Faits*
*2. **I** comme Incidence*
*3. **S** comme Solutions*
*4. **S** comme Soutien*
*5. **A** comme Action.*

Recevez une critique justifiée et faites-en une piste de progrès

Il n'est pas simple de recevoir une critique. Le réflexe légitime est alors de tenter de se défendre puisque nous nous sentons mis en cause dans notre identité.

Chacun use alors de ses méthodes comme la technique d'argumentation, le questionnement, la pirouette ou la mauvaise foi et il existe certainement d'autres méthodes tout aussi inefficaces.

INSTALLEZ-VOUS CONFORTABLEMENT OU SOYEZ STABLE

Vous sentez venir la critique, par l'attitude de votre interlocuteur en particulier.

Dans une première hypothèse, vous avez le temps de lui proposer d'aller vous asseoir tous les deux quelque part… Parfait.

Dans une seconde option, vous allez recevoir la critique, ici et maintenant. Dans ce second cas, soyez stable sur vos pieds. Évitez de vous balancer, de vous déhancher. Une posture physique d'apparence solide aura deux vertus : d'une part, elle vous insufflera le calme et la solidité pour affronter ce moment et d'autre part, elle indiquera votre sérénité et votre confiance à votre interlocuteur. Ce message non verbal est absolument essentiel ici.

Et vous constaterez aussi qu'au-delà du message non verbal vous améliorerez votre capacité à encaisser, puis à gérer la situation. Ce sera vraiment un ressenti.

MAÎTRISEZ VOTRE RESPIRATION

Respirez calmement, lentement. Prenez votre temps. Une nouvelle fois, ce calme sera visible et donnera une impression de force à celui qui veut vous critiquer et vous donnera aussi stabilité et force intérieure.

METTEZ-VOUS EN POSITION D'ÉCOUTE ACTIVE

Mettez-vous dans une réelle disposition d'écoute. Quel est le ton de votre interlocuteur ? Vous regarde-t-il ? Quels sont les mots employés : donnent-ils une opinion, ou décrivent-ils une situation, des faits ? Soyez attentif et ne coupez pas la parole. Vous pouvez lui demander de décrire les faits, d'être aussi précis que possible. En effet, plus une critique est précise, moins elle est discutable et moins elle donne lieu à des jugements de valeur ou confrontations d'opinions.

REMERCIEZ POUR LA FRANCHISE

Il n'est pas facile de formuler une critique et de la formuler avec bienveillance.

Aussi, soyez sensible au fait que cette personne fait en réalité preuve de courage en venant vous signifier cette critique. Remerciez-la de sa franchise.

IDENTIFIEZ LE PROBLÈME

Écoutez bien ce qui vous est dit et revenez aux faits, n'interprétez pas ! Si la critique est explicite, reformulez-la, afin de valider son contenu avec votre interlocuteur. En revanche, si un élément vous semble délicat, sensible, peu clair, ou paraît masquer autre chose, questionnez avec bienveillance à votre tour, pour réellement revenir aux faits incriminés, au comportement reproché.

PROPOSEZ OU SOLLICITEZ UNE SOLUTION

Si la critique a été explicite et que vous voyez facilement comment ne pas reproduire cette attitude, alors proposez votre solution. Vous pouvez également demander à ce manager ce qu'il vous suggère pour ne pas reproduire ce comportement. Engagez-vous alors à suivre ses recommandations.

En fin d'entretien, en fonction des situations, vous pourrez même proposer de faire un point dans un court terme, afin de démontrer votre bonne volonté.

VALIDEZ LA SOLUTION

Faites en sorte d'obtenir le soutien de votre manager. Vous devez sortir de cet entretien, même informel, avec son soutien et dans une relation de confiance et de respect mutuel malgré le différend. La solution doit être acceptable pour l'un comme pour l'autre et permettre de redémarrer. En aucun cas, la situation ne doit empirer par la suite du fait de cette solution. Il s'agit presque d'un contrat moral !

Recevez une critique injustifiée et gérez-la !

Si une critique justifiée est déjà difficile à recevoir... que dire de celles qui ne le sont pas ! Elles mettent certains d'entre nous dans des attitudes de rage et de colère incontrôlables.

En pratique, comment faire face à une critique injustifiée ?

La « procédure » démarre comme la précédente : soyez stable, maîtrisez votre respiration, écoutez sans interrompre. Mais plus encore que tout à l'heure, regardez votre interlocuteur.

REGARDEZ VOTRE INTERLOCUTEUR DANS LES YEUX

En effet, dans le cas de la critique injustifiée, vous pouvez vous trouver dans deux situations.

Dans la première, le critiqueur se trompe... mais ne le sait pas ! En fait, il est de bonne foi. Il vous adresse une critique, sans savoir que vous n'êtes pour rien dans l'incident. Dans cette hypothèse-là, restez serein et démontrez avec bienveillance qu'il y a erreur sur la personne.

Dans la seconde, le critiqueur se trompe... et le sait ! Il joue alors sur le registre de la mauvaise foi. Pour quelle raison ? Ça ne changera pas grand-chose de le savoir ! Par exemple : problème de positionnement personnel dans la hiérarchie, colère ponctuelle, il vous en veut pour autre chose et procède à un amalgame... Le regarder dans les yeux vous permettra de vous affirmer, de vérifier sa bonne ou sa mauvaise foi, de résister à la pression.

DISTINGUEZ FAITS ET OPINIONS

Si votre critiqueur vous attribue des faits, des actes, des comportements que vous n'avez pas eus... et que vous pouvez démontrer, faites-le avec bienveillance : par exemple, si vous n'étiez pas là !

Si vous constatez que votre critiqueur s'exprime sur le registre de l'opinion, ou du jugement de valeur « c'est bien ou mal... », « je ne suis pas d'accord avec vous... », indiquez-lui que vous respectez son opinion, mais que vous avez conscience du fait qu'il vous donne une opinion. Vous pouvez chercher, en revenant à des faits concrets, ce qui le fait parler de la sorte : « Qu'est-ce qui vous fait dire cela ? En quoi c'est important ? Comment pourrions-nous faire autrement ? »

Plus la critique est infondée... plus les faits sont importants, car ce sont eux qui vont la déjouer. Ne laissez pas le critiqueur terminer cet entretien par une réponse du type : « C'est à vous de décider... c'est à vous de voir... vous devriez le savoir... » : vous êtes sûr de réentendre la critique dans les prochains jours, renforcée en plus par le fait qu'elle aura déjà été émise ! Il va en effet tenter de vous emmener sur le terrain de la manipulation.

INTERROMPRE L'ENTRETIEN ?

Couper court n'est pas facile et votre position dans l'organisation pourra vous interdire de le faire. C'est aussi une attitude à hauts risques. Cependant, c'est une manière aussi efficace de faire cesser une critique ! « Je vois que nous ne sommes pas d'accord, je n'arrive pas à comprendre ce que vous me reprochez, je vous propose que nous cessions cette discussion et que nous la reprenions dans le calme prochainement avec des faits avérés en main » ! Oups... à tenter, mais risqué !

ENVOYEZ UN ÉCRIT

Certaines personnes de mauvaise foi peuvent tenter de vous manipuler aussi en formulant des critiques vagues, à répétition, afin de vous déstabiliser ou pour tout autre motif. À l'issue de l'entretien précédent, où nous espérons que vous avez su revenir aux faits, prenez alors le temps de faire un rapide compte rendu des éléments. Il s'agit en fait de prendre date, acte et mesures ! Vous revenez vous-même aux faits en indiquant ce qui vous a été reproché et quand, la nature « constructive » des échanges, les décisions prises pour remédier à la situation ou éviter qu'elle ne se reproduise. Et vous concluez votre écrit en demandant à votre interlocuteur de bien vouloir vous faire un retour positif quand il aura constaté les changements... Ce que vous ne manquerez pas de faire vous-même en réalité afin de valoriser la relation et tenter de repartir sur de bonnes bases.

Si vous ne vous sentez pas à l'aise avec cet écrit... envoyez-le-vous à vous-même ! Cela permettra de remettre au clair les idées la prochaine fois.

- Une critique FISSA : Faits, Incidences, Solutions, Soutien, Action
- Revenez toujours aux faits

Chapitre **13**
Faites des compliments ! C'est agréable !

Il m'est arrivé – rarement heureusement – d'entendre un manager reconnaître qu'il ne souhaitait pas faire de compliments à ses collaborateurs « parce que "ça" le rendait faible et qu'ensuite "ils" pourraient tout se permettre » ! Sic.

Non seulement c'est faux, mais je suis persuadée de l'effet inverse. Un compliment mobilise, motive, au contraire, des salariés. Mais ce compliment doit avoir quelques caractéristiques pour provoquer cet effet-là !

Formulez un compliment « vrai »

Un compliment vrai est concret, établi sur des faits précis. Évitez le : « Globalement, j'aime bien votre travail » et préférez-lui un : « Sur le dossier X, j'ai apprécié en particulier la qualité de votre argumentation : des arguments pertinents, originaux, et surtout un plan qui tenait la route ! »

Bref, tout comme la critique, le compliment est le plus objectivé possible afin de le rendre crédible et d'éviter qu'il soit perçu comme de la manipulation.

Par ailleurs, afin de donner le « bon » compliment, sachez identifier ce qui touche votre interlocuteur.

En effet, n'avez-vous jamais réagi face à un compliment que l'on vous faisait en vous disant : « C'est normal, il me complimente là-dessus mais franchement c'est une évidence, il attache de l'importance à quelque chose qui pour moi n'en a pas… » En bref, nous ne sommes pas tous sensibles aux mêmes compliments…

Nous allons d'ailleurs envisager six natures de compliments en fonction de six types de personnalités : les besogneux, paisibles, idéalistes, compétiteurs, affectifs, créatifs.

LES BESOGNEUX

Le besogneux est attaché aux détails et surtout au travail bien fait. Un besogneux sera sensible à un compliment relatif à la réalisation de sa tâche. Parmi ses principaux besoins psychologiques, on trouve : l'attachement aux détails et à la tâche, la reconnaissance de son travail.

LES CRÉATIFS

Alors que pour les créatifs, il faudra valoriser leur imagination, la qualité de leurs idées, leur aspect novateur et original.

LES AFFECTIFS

Les affectifs eux, ont besoin de se sentir appréciés en tant que personnes. Vous leur direz alors le plaisir que vous avez à travailler avec une personne de confiance comme lui (ou elle).

LES RÊVEURS

Une quatrième catégorie de salariés sont des rêveurs… Paisible au plus haut point, le rêveur a besoin de latitude pour travailler et en même temps d'être cadré. Un rêveur attend qu'on mette en valeur sa placidité, son calme, sa résistance au stress…

LES IDÉALISTES

Les idéalistes revendiquent une pensée libre. Ils n'attendent pas qu'on soit d'accord avec eux, mais simplement qu'on respecte leurs opinions et qu'on les sollicite sur ce point-là justement…

LES COMPÉTITEURS

Et enfin, il y a le compétiteur… Celui qui aime le challenge, la compétition, les défis. Pour ce dernier, il convient de valoriser ses initiatives, sa résistance au stress.

Comme vous le voyez ici, un compliment fera mouche chez certains et tombera à l'eau pour d'autres.

Afin de complimenter juste, soyez vigilant en amont sur ce qui vous semble important pour les uns et les autres.

Donnez-le au bon moment

Un compliment peut être donné à chaud ou à froid, mais il est donné en dehors de tout contexte manipulatoire. Il n'est pas question de formuler un compliment en ayant en tête de demander quelque chose plus tard… ou pire de formuler en même temps une critique !

À chaud, il est nécessaire de prendre le recul de quelques secondes nécessaires à l'identification du critère (travail, personne, créativité, défi, opinion, calme) qui sera valorisé.

Mais à chaud comme à froid, il respecte les règles citées ci-dessus.

Un compliment peut naturellement être formulé en public, par différence avec la critique. Cependant, attention à l'effet manipulatoire. En effet, plus il est formulé en public et à chaud, plus il doit être objectivé, afin d'éviter toute interprétation.

Écoutez et acceptez ceux qui vous sont destinés

S'affirmer..., c'est aussi écouter, et accepter les éloges qui nous sont faits. Combien de fois, face à un compliment, minimisons-nous la réalité ? Combien de fois « rejetons »-nous par humilité, modestie, pudeur, un compliment effectué de bon cœur ?

S'affirmer c'est donc aussi accepter ce compliment selon deux axes : contenu et structure !

Le contenu se trouve dans la nature du compliment. Vous félicite-t-on sur votre travail, vos idées... comme vu ci-dessus ? Écoutez, et prenez cet « avis » pour ce qu'il vaut... il fait mouche, remerciez votre interlocuteur de sa gentillesse et dites-lui en quoi ce qu'il vous dit est important pour vous : est-ce parce qu'effectivement c'est un point important pour vous... ou parce que c'est de lui que vient ce compliment ? Vous prenez le compliment et en faites un retour positif pour son émetteur.

Dans une autre hypothèse, si le compliment ne vous touche pas, car il ne se positionne pas sur votre registre, analysez la situation avec du recul en vous disant tout simplement qu'au-delà de son contenu l'existence même de ce compliment exprime une intention positive de son émetteur à votre égard. Cela est la structure. Identifiez cette intention positive, faites fi de la nature du compliment et remerciez votre interlocuteur.

Si les compliments vous sont adressés par oral, notez-les ! En effet, rien n'est plus volatil qu'une parole gentille alors que les mots blessants s'ancrent dans nos mémoires. Notez alors sur un cahier, dans un journal personnel, les mots gentils, les compliments, les personnes qui les ont formulés et les contextes dans lesquels ils l'ont été. Vous mémoriserez ces instants qui seront comme des petites pierres d'un mur qui s'élève... des petites briques du mur de la confiance !

Si les compliments vous sont adressés par écrit, mail ou autre, ne les jetez pas ! Combien de fois traversons-nous des déserts dans lesquels nous

Faites des compliments ! C'est agréable !

remettons en cause nos qualités, compétences, performances... Construisons-nous un « SAC A PLUS ». Le « sac à plus » est ce dossier dans lequel nous rangeons nos messages positifs, ceux qui nous font du bien. Et dans nos traversées du désert, ravitaillons-nous de temps en temps avec des « plus » qui nous remettent les idées en place et la motivation sur les rails.

Déjouez la manipulation

Naturellement nous ne sommes pas au pays des Bisounours... et certains compliments peuvent en réalité, comme les trains, cacher une autre réalité, une demande implicite, une critique...

Les manipulateurs ne formulent pas explicitement leur demande. Au lieu de vous demander « le service de les accompagner à l'aéroport samedi à 19h00 », ce qui est clair, ils vont vous demander « ce que vous faites samedi soir ». Vous êtes ensuite dans une situation difficile pour dire « non ». Et pourtant il le faut, si vous ne souhaitez pas aller à l'aéroport et vous mettre ensuite dans les bouchons pour le reste de la nuit !

Ainsi face à une question qui vous semble détournée, n'hésitez pas à demander des précisions : « Quelle est ta demande exacte ? », « Que veux-tu savoir ? » Ensuite gardez-vous la très grande marge de manœuvre qui consiste à dire que vous n'avez rien de « planifié » mais que vous avez – ce qui est vrai – beaucoup de choses à faire... Nos interlocuteurs ont le droit de formuler leurs demandes... vous avez la liberté de refuser ! On se souvient aussi que l'inverse est vrai ! C'est-à-dire qu'il vous faudra accepter que l'on vous dise « non » ! Ce que nous allons travailler ensemble dans le chapitre suivant.

- *Un compliment à la bonne personne au bon moment avec les bons mots !*
- *Un compliment sincère !*

Chapitre 14
Osez dire « non »

Dire « non » est la chose la plus évidente pour les enfants qui commencent ainsi leur affirmation d'eux-mêmes, au grand dam des parents ! Mais bien vite, ils apprennent les risques à trop dire « non » et finalement ils n'osent plus s'opposer au fil des années.

Réapprenons à dire « non » à une requête sans dire « non » à une personne, en nous affirmant avec fermeté et bienveillance.

Commencez par tester votre capacité à dire « non » et ensuite appliquez notre démarche en six étapes plus 1... pour dire « non » efficacement.

Testez votre capacité à dire « non »

Répondez « honnêtement » à ces dix questions et reportez vos réponses dans le tableau. Comptez vos points et vérifiez votre capacité à dire « non ».

1. Votre manager vous demande de le remplacer à une réunion. Vous ne connaissez pas le sujet. Votre charge de travail est importante :
a) Vous refusez poliment et expliquez.
b) Vous le faites en vous disant que ce sera intéressant.

2. À l'argument « tu es un ami... » vous répondez :
a) Justement cela me permet de te dire « non ».
b) Mes amis, je ne veux pas les décevoir....

3. Un copain vous demande si vous êtes libre samedi soir… sans en dire plus :

a) Par précaution vous dites « non ».

b) Vous dites « oui » et demandez de préciser la requête.

4. Un collègue vous demande votre aide, sur un sujet de votre domaine de compétence :

a) Ce n'est pas le moment et vous le dites.

b) Vous dites « oui »… même si cela doit perturber votre organisation.

5. Vous êtes sollicité pour recommander le fils d'une relation à votre manager, pour un stage par exemple. Vous ne souhaitez pas donner suite à cette requête :

a) Vous acceptez sans enthousiasme, mais ensuite ne transmettez pas la demande. Vous jouez la montre.

b) Vous expliquez à la personne en question que vous ne le souhaitez pas cette année. Point.

6. Vous êtes invité à dîner chez un collègue, avec femme/mari… :

a) Vous déclinez par principe : vous ne mélangez pas privé et professionnel.

b) Vous acceptez ce que vous savez être un pensum pour vous et votre conjoint.

7. Un ami vous sollicite pour vous emprunter une « modique somme d'argent » :

a) Vous acceptez… et râlez ensuite toute la soirée car vous êtes sûr de ne jamais rentrer dans vos fonds.

b) Vous refusez. Ce n'est pas la bonne période en ce moment.

8. *Dans un magasin, le vendeur vous met la pression en argumentant que ce costume/robe vous va parfaitement bien... Ce n'est pas votre avis !*

a) Vous argumentez sur le prix, ou l'absence de votre conjoint pour ne pas le prendre.

b) Vous lui faites savoir que vous n'êtes pas d'accord et reposez l'affaire.

9. *Un ami vous fait un beau cadeau... qui ne vous plaît pas du tout !*

a) Vous acceptez... stockez la chose... ne dites rien d'autre que « Merci » !

b) Vous le remerciez en lui expliquant que votre goût est autre et que vous aimeriez choisir quelque chose d'autre dans le magasin.

10. *Le même cadeau est fait par vos collègues de travail... :*

a) Quelle que soit la relation, vous exprimez votre goût et demandez à faire l'échange.

b) Un cadeau est un cadeau et ne se change pas !

COMPTEZ VOS POINTS

1		2		3		4		5		6		7		8		9		10	
A	B	A	B	A	B	A	B	A	B	A	B	A	B	A	B	A	B	A	B
1	0	1	0	0	1	1	0	0	1	1	0	0	1	0	1	0	1	1	0

résultat du test

Moins de 4 points... : plutôt mourir que dire « non »
Dire « non » vous torture. Vous avez le sentiment de trahir vos amis et relations et l'importance que vous leur accordez est largement supérieure aux contraintes que dire « oui » vous procure. Vous êtes la personne fiable sur laquelle tout le monde sait pouvoir compter. Du coup, vous vous mettez dans des situations inextricables.

- - ▶

Attention alors à ne pas reprocher aux autres de vous solliciter : ils auraient bien tort de se priver puisque vous êtes toujours là pour eux ! Et si de temps en temps vous vous demandiez ce qui est réellement important pour VOUS ?

Entre 4 et 7 points : c'est parfois « oui »… ou parfois « non » !
Vous faites deux poids et deux mesures. Si les personnes comptent pour vous alors vous ne savez pas trop dire « non », vous acceptez leurs demandes et vous les satisfaites. Mais dans l'autre cas vous savez vous protéger.
Attention à ne pas donner l'impression justement que vous avez vos têtes ou que vous êtes versatile… Posez-vous la question des raisons qui vous font dire « oui » ou « non »… sont-elles les bonnes pour vous ou sont-elles définies en fonction des personnes ?

7 points et plus : non, et alors ?
Dire « non » ne vous provoque pas d'états d'âme. Vous savez ce que vous voulez et pouvez faire pour les autres et pourquoi vous le faites aussi. Vos réponses ne sont pas conditionnées par la nature des relations que vous entretenez avec les gens, mais par les priorités qui sont les vôtres au moment où la requête est formulée. Dans un sens c'est bien… mais attention à ne pas trop dire « non » !

Ce qui nous empêche de dire « non »…

Regardons les enfants : ils passent tous par la période d'affirmation de leur ego et par la fameuse période « non ». Dire « non » est une façon de se protéger et d'affirmer leur mini-autorité et leur personnalité. Il leur est alors facile de prononcer ce « non ». Et par ailleurs ils ne se justifient pas car ils n'en éprouvent pas le besoin. C'est « non » et c'est « tout » !

Être humilié

Sans aller dans ces extrêmes, nous entrons par le biais de l'apprentissage relationnel dans des biais de communication qui nous « interdisent » de dire non.

Quelles sont les motivations à ne pas dire « non » ? À l'origine de notre refus de nous « imposer » nous avons trois grandes peurs : être humilié, être rejeté, être ignoré.

Si je dis « non » alors que je ne sais pas quelque chose, je peux me sentir humilié : je ne sais pas, donc « naturellement » (c'est du second degré !), je suis incompétent. Et le raisonnement suit : si je démontre que je suis incompétent alors personne ne me sollicitera plus !

Nous ne sommes pas incompétents sous le simple et seul prétexte que nous ne savons pas répondre à une question ! Les plus grands savants s'appuient les uns sur les autres pour se transmettre des savoirs dont ils ne disposent pas eux-mêmes, afin que chacun s'approprie les connaissances techniques complémentaires. J'ai par ailleurs une phrase fétiche qui a changé ma vision de mon « incompétence » potentielle : « Afficher ses faiblesses c'est affirmer ses forces ! » (cela fait au moins quatre fois que je vous la livre !). Naturellement, nul n'est parfait et si je sais reconnaître mes imperfections devant les autres alors ces mêmes autres seront sensibles à mes savoirs affichés !

ÊTRE REJETÉ

Être rejeté est aussi une très grande crainte. Le raisonnement tenu en silence est le suivant : « Si je leur dis "non" maintenant, si je refuse de faire ce que l'On me demande, je ne serai plus sollicité par la suite. Je serai rejeté de la tribu, je ne ferai plus partie de... » Cette crainte d'être rejeté est très proche du registre « ne plus être aimé ». J'existe par la demande que l'On me fait l'Honneur de me faire... Eh bien « non » ! Quittons ce registre. Nous existons avec nos envies, nos forces et nos faiblesses, nos enjeux et nos contraintes et notre première obligation consiste à nous respecter nous-mêmes ! Dès lors, nous serons pleinement disponibles pour les autres. Se respecter soi-même incite les autres à faire de même d'une part et à nous respecter nous aussi. Et si nous savons dire « non », le grand

Osez dire « non »

avantage est que nous offrons la très grande liberté à nos relations de nous solliciter ! Elles savent par ce même « non » que, lorsque nous disons « oui », nous ne nous mettons pas nous-mêmes en danger. Bref, dire « non » donne aux autres la possibilité de nous demander... Et en regardant la situation avec ces yeux-là... nous changeons radicalement la vision que nous avons des relations et des enjeux ! Pas vrai ?

ÊTRE IGNORÉ

La dernière crainte est celle de ne pas exister au regard des autres : être ignoré. Dans les deux premières situations, j'étais là puis je me trouvais humilié devant les autres ou rejeté. Mais dans cette dernière, je n'existe juste pas. Personne ne pense à moi !

De plus, ces trois grandes peurs peuvent être associées à des moteurs appelés « drivers » par les psychologues[1]. Cinq drivers ont été définis : Sois parfait, Sois fort, Fais des efforts, Dépêche-toi, Fais plaisir.

SOIS PARFAIT

Le registre du Sois parfait invite l'individu à toujours mieux et à rechercher la perfection afin de ne pas décevoir et d'attirer une attention bienveillante des autres sur lui. Naturellement dans ce cas le Sois parfait a toujours du temps pour faire plus puisqu'il est bien organisé ! Comment dire non, alors ?

SOIS FORT

Le Sois fort empêche l'individu d'avoir des états d'âme... un garçon, ça ne pleure pas, par exemple. Comme nous nous interdisons alors d'avoir des états d'âme nous nous interdisons aussi de ressentir de la contrainte ou du déplaisir à faire quelque chose... donc nous disons toujours « oui ».

---

1. Kahler Communication France, formation à la Process Communication.

Fais des efforts

Le troisième registre du Fais des efforts… parle de lui-même. La vie n'a pas le droit d'être facile ni simple ! Nous ne nous donnons pas de droit de réussir sans beaucoup travailler… donc faire des efforts en aidant les autres en disant toujours « oui » entre bien dans ce modèle.

Fais plaisir

Idem pour le Fais plaisir… naturellement ! Dans le registre du « fais plaisir », il faut d'abord satisfaire les autres avant de penser à soi. Comment dire « non » dans un tel fonctionnement. Le Fais plaisir a peur de décevoir et de ne pas exister ensuite en tant que personne.

Dépêche-toi

Le dernier driver est celui du Dépêche-toi, qui empêche de prendre son temps et invite à faire tout ou le maximum en permanence.

Ces drivers et ces grandes peurs sont donc ancrés en nous depuis notre plus tendre enfance et sont autant de barrières, au fait de nous imposer, nous affirmer et simplement dire « non ». Alors comment faire pour ouvrir un tant soit peu ces barrières et se libérer ?

Dites « non » tout simplement !

Mais alors comment dire « non » ? Je vais vous faire une réponse simple : en le disant ! Cela ressemble à une plaisanterie, mais cela n'en est pas une. Bien souvent au fond de nous-même nous n'osons même pas penser « non ». Alors nous formulons un « oui » timide et nous retrouvons coincés… à rouspéter contre celui qui « nous a extorqué cette réponse ! ». Mais nous sommes le seul responsable ! Ne reprochons pas à l'autre ce que nous refusons de faire !

Osez dire « non »

Alors plus sérieusement voici une démarche qui peut vous aider…

ÉTAPE 1 : REFORMULEZ LA DEMANDE DE VOTRE INTERLOCUTEUR

Reformulez la demande de votre interlocuteur en lui parlant de lui. « Tu me demandes de te faire ce dossier, de t'accompagner à l'aéroport, etc. » et éventuellement vous lui demandez de confirmer sa requête pour être sûrs, ensemble, que vous parlez de la même chose.

ÉTAPE 2 : DITES « NON » EN VOTRE FOR INTÉRIEUR

« Non, je ne souhaite pas aller à l'aéroport… je ne souhaite pas faire ce dossier, etc. » Et surtout en votre for intérieur formulez bien que c'est un « non-souhait ». Ne dites pas, par exemple, « je ne peux pas ». Il ne s'agit pas ici d'indiquer une impossibilité : si elle est réelle, vous n'aurez pas de difficulté à dire « non ». La difficulté survient quand on ne souhaite pas faire quelque chose et qu'on a le *sentiment* de manquer de bonnes raisons.

ÉTAPE 3 : DONNEZ VOTRE RÉPONSE

« Je ne donne pas suite à ta demande, je ne souhaite pas assumer cette tâche… »

ÉTAPE 4 : CHERCHEZ UNE SOLUTION OU UN PLAN B POUR MONTRER VOTRE OUVERTURE

En effet, la requête peut être éventuellement assumée par quelqu'un d'autre, à un autre moment, d'une autre manière. Cherchez alors les différentes options avec votre interlocuteur en le questionnant et surtout faites preuve de créativité et de souplesse. Reprenons l'exemple du dossier : vous pouvez dire « oui » sur le principe mais dire « non » au moment ; si le moment est essentiel, alors on peut trouver quelqu'un d'autre… et si votre manager vous prouve par A + B que c'est vous et maintenant, alors démontrez-lui qu'il choisit de vous faire traiter ce dossier en lieu et place d'autre chose que vous étiez en train de faire et qui sera alors repoussée d'autant… mais c'est une révision d'objectifs à laquelle vous le poussez afin de ne pas vous retrouver dans une situation de surcharge !

ÉTAPE 5 : CONTRACTUALISEZ

Passez alors le contrat… vous avez dit « non » et vous avez trouvé une autre solution gagnante pour votre demandeur.

ÉTAPE 6 : VALORISEZ LA RELATION

Le « non » est formulé envers la requête et non envers la personne… alors valorisez l'échange et la relation ainsi que la solution trouvée afin de mettre en évidence ce point important.

ÉTAPE SUBSIDIAIRE : NE SOYEZ PAS DÉSOLÉ !

Surtout face à un manipulateur ! Il va jouer sur la culpabilité qui sera la vôtre afin de demander autre chose ou d'insister…

Mais globalement ce conseil est valable. Ne soyez pas désolé de ne pas donner suite à la demande formulée. Être désolé signifie dans de nombreux cas que vous regrettez… ce n'est pas le cas puisque vous ne souhaitez pas ! Vous êtes désolé si votre « non » est lié à une contrainte sans laquelle vous auriez dit « oui » sans le regretter !

Quand Éric Tabarly a dit « non » au général de Gaulle

Je ne peux pas résister à l'envie de vous raconter l'un des plus beaux « non » de l'histoire du sport et de la politique française.

En juin 1964, sur *Pen Duick-II*, Éric Tabarly remporte la Transat en solitaire.

Osez dire « non »

Pour le féliciter, selon les usages, le président de la République, Charles de Gaulle convie le marin à l'Élysée pour un déjeuner et va lui remettre ultérieurement la Légion d'Honneur. Le texte suivant est extrait de *Mémoires du large*, d'Éric Tabarly lui-même (aux éditions De Fallois).

« Le général de Gaulle, président de la République, m'avait invité à déjeuner à l'Élysée. C'était un grand honneur pour moi, mais j'avais dû décliner l'invitation.

En effet, la date prévue pour ce déjeuner était celle-là même de la mise à l'eau de *Pen Duick-III* et, pour des questions de marées, le bateau ne pouvait être mis à l'eau ni avant ni après cette date. La date fixée par le général ne tombait pas bien !

Mon refus avait provoqué du ramdam dans la Marine. On s'indignait qu'un simple lieutenant de vaisseau pût se permettre une telle désinvolture.

À mon retour en France, je trouve une lettre émanant de l'Élysée et écrite par le général de Gaulle : "Monsieur, j'espère que cette fois-ci, la marée le permettant, vous pourrez participer au déjeuner prévu pour le 20 octobre."

J'ai failli arriver en retard. Des photos ont immortalisé mon arrivée, grimpant 4 à 4 les marches du perron de l'Élysée. »

Que pouvons-nous tirer comme leçon ? D'une part, même les grands acceptent qu'on leur dise « non » et n'en prennent pas ombrage. D'autre part, lorsque nous sommes en ligne avec nos valeurs, et que nous avons un objectif motivant, il est facile de dire « non » à d'autres choses qui paraissent alors accessoires…

- *Sachez ce que vous ne voulez pas !*
- *Prononcez le « non » en votre for intérieur*
- *Dites non à la requête et pas à la personne*
- *Cherchez des plans B*

Partie 4

AFFIRMEZ-VOUS À L'ORAL EN PUBLIC

« Un discours improvisé
a été réécrit trois fois. »
(Winston Churchill.)

*N*ous sommes souvent sollicités dans nos entreprises pour prendre la parole face à différents auditoires et pour des périodes plus ou moins longues. L'exercice est difficile et il arrive à beaucoup de perdre alors leurs moyens, confiance en eux et de manquer d'assertivité et d'affirmation d'eux-mêmes.

Nous allons envisager alors dans les chapitres suivants des solutions et suggestions justement pour améliorer votre assertivité et confiance en vous-même.

Mais qu'est-ce donc que l'assertivité ? L'assertivité est une attitude d'affirmation de soi qui s'oppose à la passivité, l'agression, la manipulation. Une personne est dite assertive si elle défend ses idées et opinions sans agresser ses interlocuteurs, si elle accepte ou refuse des missions ou tâches sans compromission ni affrontement…

Alors comment être assertif face à un public donné lors de nos présentations ?

Chapitre **15**
Préparez vos présentations

Préparer vos interventions est sans aucun doute la règle de base ici. Ne jamais, mais alors jamais, improviser à l'oral. Toujours préparer... ses idées, son plan et ensuite le suivre !

TOPP : thème – objectif – plan – procédé

Dans un premier temps, nous allons identifier un TOPP à nos réunions et autres interventions.

- T comme thème ;
- O comme objectif ;
- P comme procédé ;
- P enfin comme plan.

Thème

Pour commencer le thème est le sujet global de votre intervention. De quoi allez-vous parler ? d'un support de communication, d'une manifestation... ?

Objectif

Mais il va vous falloir définir un objectif. Que souhaitez-vous que votre auditoire retienne de votre intervention et qu'attendez-vous de lui exactement ? Doit-il apporter une contribution à la réunion, ou doit-il juste écouter… ? Quelle contribution sera la sienne : participer à la décision, donner des idées ? Bref, toutes les options sont possibles, mais, pour aller droit au but et vous éviter les digressions, il vous faut définir ce que vous attendez de vous et des autres.

Pour définir votre objectif par rapport à votre intervention, demandez-vous ce que vous voulez que votre auditoire :

- sache ;
- pense ;
- fasse ;
- ressente à la fin de votre intervention.

Et ne confondez pas :

- l'objectif de votre exposé, ou de la réunion ;
- et celui de votre projet…

Ce sont deux niveaux différents.

Procédé

Par ailleurs, vous allez donner des règles de fonctionnement : que vous animiez une réunion ou que vous fassiez une présentation. Souhaitez-vous un moment interactif avec des échanges et des interruptions, des questions au fil de l'eau ou souhaitez-vous dérouler votre intervention et garder du temps à la fin pour traiter ensemble toutes les questions ? Il s'agit ici de définir le procédé qui vous est le plus facile. Vous exprimez les règles du jeu afin de faciliter ensuite la gestion des interruptions.

En effet, vous n'empêcherez pas les questions de surgir. Mais si vous avez donné les règles au début en signalant justement que les questions seront traitées à la fin, vous avez entre les mains un gentil moyen de repousser lesdites questions en rappelant les règles. Faute de quoi, si vous n'avez pas donné les règles au départ, vous allez devoir indiquer à votre « questionneur » que vous répondrez plus tard. En agissant ainsi, vous le frustrez…

PLAN

Un plan n'est pas une fantaisie de maniaque rhétoricien ! Un plan se crée et se suit. Si vous faites un plan en improvisant à la dernière minute parce que vous semblez avoir une meilleure idée… vous prenez un risque majeur.

Nous allons revenir plus dans les détails sur ces différents éléments.

Définir un objectif ou des attentes

Commençons par définir ce que vous pouvez attendre de votre auditoire. Car plus vous serez clair et précis sur ce point, plus vous vous affirmerez avec facilité et souplesse.

En termes d'objectif, tout d'abord, posez-vous une question simple : « À l'issue de votre présentation :

- que souhaitez-vous que votre auditoire sache ? »
- que souhaitez-vous que votre auditoire pense ? »
- que souhaitez-vous que votre auditoire fasse ? »
- que souhaitez-vous que votre auditoire ressente ? »

Quand vous avez formulé la réponse à cette question eh bien, faites simple et dites-le à un moment ou à un autre, si possible au début ET à la fin de la présentation audit auditoire !

Comment le formuler ? Encore une fois de façon simple. Au cœur de votre introduction vous dites simplement :

– je souhaite qu'à l'issue de cette réunion vous sachiez/ connaissiez…

- je souhaite que vous fassiez confiance/pensiez...
- je souhaite que vous fassiez...
- je souhaite que nous partagions/ressentions...

Et pour cela vous allez exprimer vos attentes par rapport à l'attitude de votre auditoire lors de cette même réunion :

- je souhaite que nous résolvions un problème...
- que nous décidions ensemble...
- que nous cherchions des solutions...
- que nous fassions le point sur la situation et définissions les prochaines échéances...
- que nous partagions un moment agréable...
- que vous sachiez...

Vous l'aurez compris, en définissant ce que vous attendez de vos participants, vous définissez un positionnement clair à votre meeting. Voici donc les six positionnements de réunions :

- résolution de problème ;
- prise de décision ;
- créativité ;
- travail et projet ;
- convivialité ;
- information.

Alors naturellement, certains peuvent avancer que certaines réunions allient par exemple résolution de problème puis convivialité. Certes. Mais il y aura une hiérarchie dans les objectifs et l'un sera obligatoirement plus important que l'autre. C'est la condition du succès de la conduite des réunions efficaces.

Tenez compte du contexte et de votre auditoire

Il est des questions et des sujets passionnants, mais qui, parce que traités ou abordés ou mauvais moment, rencontrent désintérêt et opposition des publics. Au moment de présenter un sujet, répondez aux questions suivantes :

- quelles sont les attentes de mon public sur ce sujet-là ?
- quel est le degré d'intérêt supposé de mon public sur ce sujet-là ?
- quelle est l'actualité de ce sujet dans le contexte actuel ?

Naturellement, vous ne connaîtrez pas les réponses exactes !

En réalité, vous vous questionnez ici en vous mettant à la place de votre public. Car c'est une idée reçue que de croire son sujet universellement passionnant ! Faisons preuve d'humilité et acceptons que notre étude passionnante ne le soit pas tout à fait, maintenant, au regard de nos auditeurs potentiels. Nous éviterons alors des flops retentissants…

Et en attendant que justement l'attention et l'intérêt soient présents, nous augmentons nos chances d'impact favorable.

Soignez vos supports

Que ce soit vos notes, les *paper-board*, ou les transparents, vos supports doivent être impeccables afin de ne pas générer de stress inutile le moment venu.

À propos des notes : bannissez la méthode scolaire des notes linéaires avec toutes les phases écrites, et ce, pour plusieurs raisons :

- rien n'est plus stressant que de se perdre en cours de lecture, parce que les notes comportent trop de détails ;
- rien n'est plus difficile que d'abréger quand tout est écrit !

- le langage écrit et l'oral n'ont que le sens en commun : les styles sont différents, et si vous écrivez tout, vous aurez alors à l'oral un langage écrit qui ne « passe » pas et fera nécessairement emprunté !

Pour des notes efficaces, deux techniques :
- la carte mentale ;
- le plan-sommaire avec des titres informatifs.

LA CARTE MENTALE

La carte mentale est très efficace pour :
- les personnes visuelles ;
- s'adapter à son public ;
- favoriser sa propre mémorisation : seuls les mots clés sont inscrits, il faut donc s'entraîner à répéter les phrases.

Pour composer une carte mentale : indiquer le sujet de fond au centre de la carte puis tirer des liens vers les sujets secondaires et ainsi de suite. L'arborescence qui en résulte permet de répondre aux questions d'un public en ayant sous les yeux les autres axes, c'est-à-dire sans perdre le fil d'un discours par exemple.

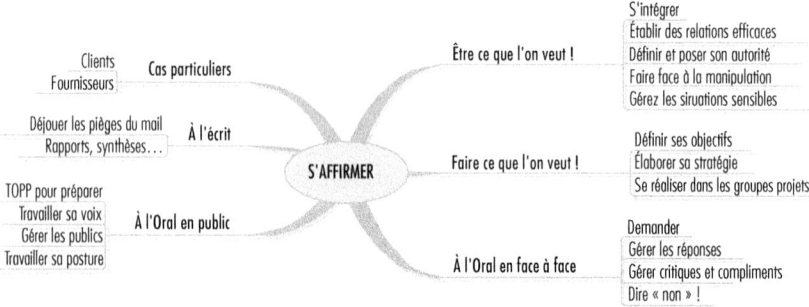

Préparez vos présentations

LE PLAN SOMMAIRE

Le plan sommaire est la simple copie du plan de l'intervention avec titres qualifiés de « pleins ». Sont dits « creux » les titres qui ne donnent aucun contenu :

- les immatriculations en France ;
- l'expression orale.

Sont dits « pleins » ou « informatifs », les titres qui délivrent une véritable information :

- le marché des immatriculations neuves croit de 5 % en cinq mois ;
- les cinq façons efficaces de préparer son intervention face à un public.

Votre plan-sommaire est une excellente technique de prise de notes. Vous voyez apparaître non seulement les idées clés avec les informations importantes mais surtout leur enchaînement.

LES TRANSPARENTS OU AUTRE PPT

Enfin, les « power-point »… avec la question des animations, du pointer laser et autres merveilles stressantes !

Appliquez d'ores et déjà quelques principes simples à vos transparents :

- une idée = un transparent ;
- sept lignes maximum par transparent !
- quatre couleurs maximum !
- le sommaire en pied de transparent ;
- pas d'animation !
- pas de pointer laser !

Une idée = un transparent !

Votre transparent sera lisible et compréhensible en une seconde et vous parlerez une minute en moyenne. Avec ces quelques éléments factuels, non seulement vous ne lasserez pas votre auditoire, mais, de plus, vous serez actif.

Sept lignes

Il vous faudra alors limiter à sept le nombre de lignes, car le public aura d'abord le réflexe de lire le support avant de vous écouter et il ne sait pas faire les deux en même temps ! Aussi, faites court et simple. Laissez-lui le temps de lire et seulement alors parlez !

Plan en pied de page

Indiquez-lui sans cesse où vous en êtes de votre intervention pour rassurer les impatients et pour cela indiquez dans un pied de page, avec une couleur différente, le chapitre dans lequel vous vous trouvez.

Bannissez les animations

Pourquoi pas d'animation ? Les animations sont des pièges à temps ! Vous voulez accélérer ; vous ne pouvez pas sauf à cliquer autant de fois que nécessaire pour faire avancer la présentation ! C'est très fatiguant pour le public, qui, lui, cherche à lire les éléments affichés quelques centièmes de seconde et stressant pour vous. Par ailleurs, sachant que votre transparent idéal est lisible en une seconde… pourquoi faire une animation ? Car un transparent n'est pas un fond documentaire ! Si vous voulez que votre discours ait un minimum de valeur ajoutée par rapport au support, il ne faut pas tout écrire. Partant de ce principe simple, votre transparent s'affiche : le public met une seconde à le lire. Vous restez tranquille.

Surtout taisez-vous ! Enfin vous parlez et vous indiquez les éléments complémentaires à savoir. Alors le public prend des notes.

Tout pointeur est inutile et dangereux

Enfin, bannissez le pointeur laser... :
- qui trahit votre nervosité... ;
- qui est inutile ! Puisque votre transparent n'a qu'une idée !

DES CHIFFRES CLÉS...

Retenez ces quelques chiffres :
- vitesse de la pensée 500 mots/minute environ ;
- vitesse de lecture 300 mots/minute minimum ;
- vitesse d'élocution 150 mots/minute ;
- la prise de notes 27 mots/minute.

Vous l'aurez compris, le support ne fait pas tout à l'oral face à un public. Votre capacité à vous affirmer passe par le support mais pas seulement. Sachez que 55 % de votre impact à l'oral passe par votre non-verbal et votre gestuelle, 38 % par le para-verbal (voix, mots minimisants, noirs, tics...) et seulement 7 % par le discours[1] !

- *Soignez vos supports...*
- *Changez de techniques de notes*
- *Répétez votre TOPP : Thème, Objectif, Plan, Procédé*

---

1. Travaux de Mehrabian (1967).

Chapitre **16**
Animez avec aisance présentations et réunions

Une fois la préparation de votre intervention terminée, il vous reste à l'assurer ! Et à la réussir. Vous admirez certains orateurs dont le talent et l'aisance vous font rêver ! Dites-vous qu'en vous entraînant et en répétant un grand pas sera franchi vers cette aisance apparente ! Pour cela respecter les quelques règles suivantes.

Réussissez la prise de contact

Sachez que vous n'avez pas une seconde chance de faire une première bonne impression ! Ne vous mettez pas la pression mais travaillez votre « entrée en scène ».

ACCUEILLIR LE PUBLIC

Première option : vous êtes déjà sur place et visible lorsque votre public s'installe. Parfait. Accueillez-le ! Ne restez pas planté à classer vos notes. Saluez, accueillez, favorisez ces premiers contacts informels. Ne craignez pas de répondre aux premières questions et surtout mettez à profit ces quelques minutes pour questionner vous-mêmes vos participants : que viennent-ils chercher ici, que savent-ils du sujet, quelles sont leurs expériences ? Faites-les parler d'eux afin de tester leur état d'esprit par rapport à votre sujet.

ÊTRE ACCUEILLI PAR LE PUBLIC

Deuxième option : votre public est déjà installé lorsque vous arrivez... vous succédez éventuellement à un autre orateur. Prenez votre temps... prenez votre temps et prenez votre temps. Vous êtes regardé, certes, mais vous ne pourrez plus rien changer à votre apparence alors au moins travaillez la contenance ! Tenez-vous droit (même si vous êtes grand !), marchez calmement, installez vos notes, réglez le micro éventuel et faites un test de son, regardez votre auditoire et présentez-vous. Non, tout le monde ne vous connaît pas ! Et même pour ceux qui vous connaissent, précisez à quel titre vous intervenez ce jour-là et sur ce sujet-là.

Répétez votre introduction

Vous l'aurez compris, votre première prise de parole est alors essentielle. Vous devez réussir ce passage obligé. Alors une règle simple, répétez plusieurs fois votre introduction avant le moment M. Sans l'écrire pour éviter de tomber dans le piège du langage écrit à l'oral qui donne un effet soporifique ou pontifiant, selon les orateurs.

Une succession de répétitions vous permettra de stabiliser la durée de cette introduction, de poser votre voix, en un mot, de vous rassurer.

Votre introduction vous permet entre autres choses de présenter :

- pourquoi vous êtes légitime sur ce sujet ;
- pourquoi ce sujet intéresse vos auditeurs ;
- pourquoi ce sujet est traité maintenant ;
- quel est le procédé : exposé puis questions ou interactions avec les participants... ;
- quel est le plan suivi avec les grandes idées... en prenant garde à ne surtout pas entrer dans le vif du sujet.

En effet, il est essentiel de valider les points ci-dessus et de faire un arrêt avant de commencer la présentation en elle-même avec le déroulé des idées et/ou arguments.

Présentez un plan... et suivez-le !

Un plan ne sert à rien si vous improvisez ! Alors, suivez-le. Il est rassurant pour votre public qui sait où vous en êtes et il est le garant du respect du temps imparti.

Vous pouvez choisir entre trois types de plans.

« A PRIORI »

Le plan dit « *a priori* ». Dans un plan « *a priori* » vous indiquez votre idée clé en début d'intervention et indiquez ensuite les arguments qui la confortent. Exemple « à l'oral, pour faire bonne impression, il faut surtout s'entraîner... ». Puis vous expliquez ce que vous y gagnez, comment vous pouvez faire, etc.

Le plan « *a priori* » est parfait pour des publics impatients, qui connaissent déjà le sujet, ou pour des sujets simples. Il comporte un risque : le public conquis par exemple peut vous exhorter à conclure ! Mais finalement si c'est le but... ce n'est pas un problème !

« A POSTERIORI »

Le plan « *a posteriori* » est inverse. Vous déroulez un raisonnement et concluez par votre idée forte, celle que vous voulez que votre public retienne. Cette démarche « *a posteriori* » est parfaite dans un cas de raisonnement, sur des sujets sensibles ou qui supposent la compréhension et l'adhésion des participants. En revanche, si vous avez des décideurs, rapides et connaisseurs, ils vont vous bousculer... À vous de voir en fonction des publics et des enjeux pour vous lequel des deux vous choisissez.

« A CONTRARIO »

Enfin, le troisième plan est celui qualifié « de *a contrario* ». Vous affichez des idées et des arguments et insérez alors une cheville ou une charnière dans le discours telle que « cependant », « mais encore », et en réalité vous défendez le point de vue inverse. Attention, ce plan est parfait pour déjouer la contradiction systématique, puisque vous avancez au début ce qui sera sans doute les arguments des opposants. Mais si votre public a décroché au moment de la charnière, il peut alors être perdu... en effet, il se dira qu'il ne comprend plus rien puisqu'au début vous « disiez blanc » et que finalement « vous affirmez noir ». Attention au risque. Les avocats utilisent le « *a contrario* » pour donner dans le premier temps les éléments favorables à la partie adverse pour mieux la démonter ensuite.

MAXIMUM QUATRE PARTIES

Autre commentaire à propos du plan. Ne faites pas plus de trois ou quatre parties. Pour une raison simple qui est liée à la capacité de mémorisation des items en mémoire à court terme chez 90 % des participants. Notre mémoire à court terme retient cinq[1] plus ou moins deux items. Donc si vous faites trois ou quatre parties, vous donnez à votre auditoire la chance de mémoriser le même nombre de grandes idées de votre intervention. Si, en revanche, vous faites plus de quatre parties, alors la dernière chassera en mémoire à court terme la première et ainsi de suite.

---

1. Dans son article (1956) *The magical number 7+/-2*, Miller passe en revue une série de résultats qui laissent à penser que la capacité de la mémoire à court terme serait limitée à 7 éléments. Des travaux plus récents réduisent ce chiffre à 5+/-2.

Donnez les règles du jeu

Les règles du jeu sont le mode de fonctionnement entre vous et votre public. Souhaitez-vous, comme nous le disions déjà plus haut, que le public interagisse avec vous, ou pas.

Les deux options se retiennent. Les critères pour choisir l'une ou l'autre sont les suivants :

- le temps qui vous est accordé : si votre intervention est rapide, quelques minutes, limitez les interactions qui peuvent facilement vous faire déraper ;
- la sensibilité du sujet : si le sujet est particulièrement sensible, précisez la manière bienveillante avec laquelle vous souhaitez que les questions soient posées ;
- le sujet est connu : si le public connaît déjà le sujet, insistez pour aller droit au but sans être interrompu en expliquant qu'un point nouveau mérite leur attention. Si votre sujet est réellement connu... quelle est la valeur ajoutée de votre intervention ? C'est celle-ci qu'il faut mettre en avant ! Et vous serez alors attentif à aller au fait nouveau et intéressant en limitant ce qui pourrait passer pour de la perte de temps... du point de vue de votre entourage.

Le joker...

La question joker est une question... joker ! Il s'agit d'un point non encore abordé dans votre intervention et qui a un lien certain avec cette dernière. À quoi sert la question joker ? Elle a deux missions.

La première mission consiste à vous permettre de poser la première question au cas où le public ne se déciderait pas. Vous le savez et le public le sait, la première question est la plus difficile. Alors rendez ce service à vos auditeurs et posez vous-même cette première question.

La seconde mission de la question joker est de vous permettre d'occuper un peu le temps si vous avez le sentiment d'être « court ». Attention cependant à ne pas commencer une digression qui « perdrait » votre public au dernier moment.

Concluez... vraiment !

Avec l'introduction, la conclusion est le second moment clé de votre intervention. Elle comporte quelques pièges parmi lesquels le fait de vraiment conclure, d'inviter aux questions, et de quitter l'espace.

CONCLURE ET LE DIRE !

Vraiment conclure consiste à indiquer à votre public que vous avez fini, puis redonner l'idée clé de votre intervention avec l'objectif que vous poursuiviez en commençant ! Cela peut sembler beaucoup, mais c'est en réalité assez simple. Voici un exemple de conclusion : « J'en ai terminé avec le sujet X, et comme je vous le disais en commençant, je souhaite que vous reteniez l'idée clé qui est la suivante en vue de... »

REMERCIER ET ATTENDRE LES QUESTIONS

Vous remerciez ensuite votre public pour son attention et vous mettez alors à sa disposition pour des questions.

Posez-vous alors et regardez votre auditoire sereinement. Les secondes qui suivent peuvent vous sembler longues, mais sachez qu'il faut un peu de temps à votre public pour faire le silence dans ses idées, identifier potentiellement la question à poser, commencer à la formuler en silence avant d'oser se lancer... Ce dispositif-là peut prendre quelques longues secondes. Dites-vous que ces secondes n'ont rien d'agressif contre vous ! C'est du temps que vous offrez à votre public.

Dans l'hypothèse où aucune question ne survient, soit vous utilisez la question joker définie juste avant, soit vous remerciez vraiment votre auditoire et vous l'invitez à la pause. Quel auditoire n'a pas le plaisir de terminer plus tôt ? Si vous en trouvez un faites-le-moi savoir ! Si vous êtes suivi par un autre intervenant, celui-là sera aussi ravi de disposer d'un peu de temps pour s'installer dans le calme... bref, ne culpabilisez pas. Parmi les péchés capitaux de l'oral, sachez qu'il y a, entre autres, le dépassement de temps.

- Construisez un plan
- Annoncez-le
- Suivez-le
- Répétez lintroduction en TOPP

Chapitre 17
Gérez les publics délicats

De même qu'il n'y a pas de question piège, il n'y a pas de public délicat ! Ce n'est que l'image que nous avons de ces publics différents qui nous fait nous sentir mal à l'aise. Décryptons alors les attentes de nos publics, les attitudes et comportements et comment interagir dans ces différentes situations.

Distinguons attitude et comportement

Il convient de distinguer les attitudes des comportements pour comprendre que les bavards ne sont pas nécessairement hostiles et les silencieux pas forcément d'accord avec vous !

L'attitude est « la disposition à l'égard de quelqu'un ou de quelque chose : jugement et tendance provoquant des comportements.[1] » Le comportement devient donc la partie visible de votre public.

Une fois posée cette définition, distinguons les types d'attitudes envisageables pour un public donné :

- favorable, positive, ouverte ;
- intéressée, curieuse, ouverte ;
- sceptique, douteuse, soupçonneuse ;
- hostile, opposée.

---
1. Source : *Robert pour tous*, édition 2005.

Au-delà des attitudes, ce qui sera visible pour vous sera donc les comportements adoptés par votre auditoire. Vous serez face à des bavards impénitents, des silencieux, des gens qui dormiront, d'autres qui opineront du bonnet, etc. Et pour autant ce ne sont pas les silencieux qui vous seront hostiles ! Ni les bavards qui vous supporteront… Il est alors essentiel de comprendre ce que sont les principales attitudes des publics.

Il en existe cinq, les Contestataires, les Opposants, les Indécis, les Partisans et les Supporters.

LES CONTESTATAIRES

Paradoxalement les Contestataires sont faciles à gérer car ils sont faciles à identifier : ils s'expriment. Les contestataires parlent, bougonnent, questionnent, affirment qu'ils sont en désaccord avec vous, font partager leur propre expérience. Les comportements adoptés par les contestataires sont donc des comportements audibles et visibles ! En effet, s'ils ne parlaient pas vous les verriez bouger, réagir, etc.

LES OPPOSANTS

Les Opposants sont plus délicats car ils ne sont pas nécessairement décelables. Les opposants sont silencieux. Ils prennent des notes, n'interviennent pas. Mais dans les couloirs, aux pauses par exemple, ils vont chercher le soutien d'autrui en questionnant et se permettent par de la manipulation de générer un courant hostile à votre intervention. Il est donc bon de s'interroger sur ceux qui ne croisent pas votre regard, par exemple. Ceux qui vous évitent… ils peuvent être dans ce cas-là et il faudra aller les démasquer et les gérer hors de la salle.

LES INDÉCIS

Les Indécis représentent la plus grande part de vos publics, 80 % disent les études. Ils sont *a priori* bienveillants mais ne savent pas bien. Ils peuvent se laisser influencer par ceux qui parlent (opposants ou partisans ou supporters… ou vous !). Les indécis adoptent des comportements tels que des hochements de tête… mais peu importe qui parle… À vous alors de les séduire et de les mettre dans votre camp !

LES PARTISANS

Les Partisans représentent un véritable bonheur pour les orateurs. Ils sont dans la salle et vous admirent. Ils vous soutiennent de façon inconditionnelle… opinent du bonnet, vous envoient des signes positifs et bienveillants et viennent vous soutenir et vous encourager à la fin. Attention, ils restent silencieux, et ne souhaitent pas forcément être pris comme supporters, donc ne leur demandez surtout pas leur soutien devant toute l'assemblée et les forçant à improviser… ils seraient alors tétanisés de peur et vous en voudraient vraisemblablement.

LES SUPPORTERS

Les Supporters sont équipés de bannières et autres écharpes dans les stades ! Eh bien, dans votre public, ce sera un peu le même jeu. Ils vont s'exprimer, parler, vous encourager, vous soutenir, chercher à confirmer vos propos par leurs expériences… ils prennent le micro sans crainte, mais le gardent et provoquent de la lassitude chez les autres dans la salle et font déraper votre gestion du temps.

Vous l'aurez compris un silencieux peut donc être un Partisan ou un Opposant et les Indécis peuvent passer d'un camp à l'autre. Les bavards ne sont pas que des Opposants, mais peuvent aussi vous nuire ! Alors en clair comment faire ?

Distinguez faits, opinions et sentiments

Le plus difficile, face à une intervention non prévue d'un auditeur, est de prendre une fraction de seconde de recul pour identifier de quoi parle notre « homme ». En effet, nous ne réagirons pas de la même manière s'il partage avec nous une opinion, un sentiment ou des faits.

RESPECTEZ LES OPINIONS ET DÉFENDEZ LA VÔTRE

L'intervenant nous livre une opinion : reconnaissons-la comme existante et comme une opinion. Une opinion se respecte. Mais ce qui est intéressant, c'est de comprendre ce qui est à l'origine de l'opinion de cette personne. Vous allez alors la questionner sur son expérience. En effet, la personne s'exprime alors, explique et partage avec vous ce qui devient des faits. Les faits existent et peuvent être expliqués par des contextes professionnels différents. Votre expérience est établie sur d'autres faits dans d'autres contextes et explique votre opinion. Dans un contexte d'intervention en public, il est essentiel de démontrer que vous respectez vos interlocuteurs, mais que votre avis et votre expérience, source de vos opinions, sont également respectables.

ACCEPTEZ LES RESSENTIS DIFFÉRENTS DES VÔTRES

Notre interlocuteur nous fait part d'un sentiment... celui-ci est personnel et respectable aussi. Mais comment distinguer une opinion d'un sentiment ? Donnons un exemple : « J'ai chaud » est un sentiment, mais « il fait trop chaud dans cette salle » est une opinion... Le fait est qu'il fait 23 degrés dans cette salle... L'important est surtout de ne pas entrer dans un débat du type : « Mais non, il ne fait pas trop chaud... puisque je n'ai pas chaud » ! Vain, par nature. Questionnons pour savoir quelle température la personne souhaite pour être bien ?

Gérez les publics délicats

FAITES PRÉCISER LES EXPÉRIENCES ET UTILISEZ-LES

La personne nous livre enfin directement une expérience... des faits, donc. Faisons-la parler et donner les détails de son expérience. Il y a sûrement des éléments qui justifient ce qu'elle est en train de dire et qui sont potentiellement partagés par d'autres dans la salle. Au final, vous valorisez votre interlocuteur et ce faisant vous ne vous dévalorisez pas !

Vous l'aurez compris, la seule chose indiscutable ce sont les faits vers lesquels il convient de revenir coûte que coûte afin d'éviter d'entrer en conflit avec votre public.

Faites taire les bavards et parler les silencieux !

Comment faire taire les bavards et faire parler les silencieux pour identifier s'ils sont des Opposants ou des Indécis ? Une règle simple : toujours en aparté, jamais devant tout le monde. Ne demandez pas à une part de votre auditoire de prendre la parole en improvisant alors que vous-même avez de fortes chances de détester ça, surtout pour demander si cela va bien et pour les bavards ne les recadrez pas devant tout le monde : s'ils sont des Supporters vous les faites passer directement au statut d'Opposants ou Contestataires !

ACCUEILLIR ET RESPECTER LES SILENCIEUX

En pratique, pour les silencieux... rencontrez-les à la pause, pour vous assurer que « tout va bien » et leur demander « si le sujet a retenu leur attention et en quoi ils aimeraient avoir des compléments... ». Vous saurez alors à la nature des réponses apportées dans quelle attitude ils sont à votre égard. Remerciez-les de leur participation.

Gérer les bavards sans les braquer

Les bavards sont plus délicats puisque, par nature, ils polluent votre intervention et peuvent la faire déraper. Agissez en deux temps.

D'abord, rappelez-vous que vous devez avoir annoncé les règles du jeu au départ afin d'avoir la possibilité de recadrer ensuite. En effet, dans ce cas-là, il est assez simple de dire à l'intervenant que « vous répondrez à sa question, ou notez sa remarque et que vous aurez le plaisir d'y répondre dans quelques minutes puisque votre exposé, justement aborde ce point un peu plus tard ».

Ensuite, si un autre intervenant (ou le même !) interrompt une seconde fois, ou à plusieurs reprises votre exposé, permettez-vous de lui exprimer en quoi « pour vous, dérouler votre intervention est important ». Vous pouvez avoir plusieurs raisons, parmi lesquelles :

- la gestion du temps pour tout le monde ;
- le traitement des questions ensuite et de façon groupée ;
- votre concentration, l'importance du raisonnement pour ceux qui ne connaissent pas le sujet, etc.

En clair, valorisez en quoi c'est important « pour vous » !

Contrez l'hostilité sans y répondre

Enfin, face, ce qui peut arriver, à un bavard contradicteur, qui ne s'arrête pas, vous montre de l'hostilité, voire de l'agressivité... eh bien arrêtez-vous ! Nul n'a le droit de vous traiter ainsi et vous avez le droit le plus strict de refuser de répondre à ce type d'agression...

Se posent alors à vous plusieurs options :

- l'appui du public : vous vous appuyez sur le public et demandez à quelqu'un de l'assistance de bien vouloir répondre, le tout avec le maximum de bienveillance dans le ton ;

Gérez les publics délicats

- le dialogue : vous demandez directement à votre interlocuteur ce qu'il recherche, quel est son objectif, que veut-il dire exactement ? Vous formulez cette demande également avec le maximum de bienveillance dans le ton. Il s'agit de mettre la personne face à ses responsabilités dans le groupe. Elle doit assumer son attitude sans vous mettre en danger et vous avez le devoir de vous faire respecter, vu le travail fourni pour préparer cet exposé ;
- l'ignorance : vous enchaînez sans avoir l'air de rien ! Mais à terme votre interlocuteur peut passer de contestataire à opposant et son attitude serait encore plus dangereuse dans la mesure où vous aurez donné du grain à moudre à son comportement belliqueux.

Mais dites-vous malgré tout que, dans 80 % des cas, vous serez face à des gens curieux ou intrigués qui exprimeront questions, opinions… laissez alors faire et questionnez pour mettre en valeur puisqu'il ne s'agit pas du tout d'une quelconque agression.

Gérez une objection avec le « Vous – Je – Nous »

Gérez des objections, surtout en public, suppose une grande maîtrise de soi, du sujet et du public.

Le plus important est de distinguer les faits des opinions, des sentiments, comme nous le disions plus haut. Mais il s'agit là de sémantique et d'avoir la capacité d'analyse du sens au moment où l'objection fait surface.

Une tactique existe pour gérer les objections… c'est le « vous, je, nous[1] ».

Vous

L'objection survient. Commencez par parler à la personne d'elle-même en employant le « vous » : « Vous me dites que… » Et vous reformulez

---
1. Karine Feng, consultante.

l'objection de la personne avec le maximum de mots communs à sa phrase d'origine. En effet, de nombreux consultants invitent à formuler avec vos mots ce que vient de dire autrui... or derrière les mots, nous ne mettons pas tous les mêmes sens. Aussi, en changeant les mots de votre interlocuteur vous prenez le risque qu'il vous dise alors : « Mais non, ce n'est pas ce que j'ai dit ! » et ce sera vrai ! Non seulement, ce sera vrai mais en plus il aura ancré en lui et dans les esprits des autres dans la salle un « Non, ce n'est pas ce que j'ai dit ! » à éviter absolument ! Donc soyez simple, et si j'ose, je vous invite même à être fainéant : reprenez tous les mots de votre objecteur !

JE

Passez ensuite à vous ! Qu'avez-vous compris ou ressenti, vu et entendu, dans ce qui vous a été exprimé ? Dites quelle est votre perception de l'émotion de la personne qui est en face de vous. En clair, même en parlant à la première personne du singulier vous continuez à parler de votre interlocuteur et surtout sur un registre qu'il n'attend pas : ses émotions. Exemple : « Je vois dans votre attitude que vous êtes déçu, contrarié... », « J'entends dans vos propos que vous êtes en désaccord ou en colère... », « Je sens que vous êtes contrarié... ». Vous pouvez vous tromper d'émotion, ce n'est pas grave. Vous montrez que vous prêtez attention à votre interlocuteur.

NOUS

Vous terminez alors par la recherche des options et des solutions... « Nous pouvons échanger sur nos expériences et partager des pratiques, certainement débattre des idées... » En bref, vous faites de votre interlocuteur quelqu'un avec qui vous allez construire des échanges et non vous opposer... Attention, il ne faut pas manipuler cette personne, mais bien lui montrer que vous avez un terrain en commun, des avis... convergents !

Encore une fois dans ce dernier point vous pouvez revenir à la distinction faits, opinions et sentiments...

Appuyez-vous sur les alliés... sans faire allégeance !

Lors d'une intervention vous pouvez vous trouver dans deux types de situations : soit vous connaissez votre public (votre équipe, service, entreprise...), soit pas ! Dans les deux cas vous avez des alliés. Il va vous falloir apprendre à vous appuyer sur eux en cas de difficulté réelle ou perçue. Prenons les deux situations successivement « public connu » ou « inconnu ».

OPTION 1 : PUBLIC CONNU

Vous pouvez approcher vos alliés à trois moments privilégiés. Avant votre intervention : dans les jours qui précèdent, au moment de la préparation ou même de la répétition, testez votre sujet, votre plan, les enchaînements d'idées. Vérifiez l'intérêt de votre auditoire pour votre thème et sollicitez ses conseils éventuellement.

Le moment venu, identifiez bien où vos soutiens se placent dans la salle pour les remercier d'un regard ou d'un mot gentil, leur faire un petit signe. N'oubliez pas de remercier pour leur aide, sans forcément les citer, les personnes qui sont intervenues auprès de vous. Et surtout dites-vous qu'en cas de sollicitation non attendue vous aurez dans la salle des personnes connaissant votre sujet, capables de vous apporter du soutien oral ou non verbal. En effet, parfois un simple regard positif et bienveillant nous rassure et génère, dans l'interaction aux autres, un autre comportement.

Après votre intervention, surtout, prenez le temps de remercier vos soutiens (lire la partie sur les remerciements) en étant bien factuel sur ce qu'ils vous ont apporté, ce que vous en avez tiré et en quoi ce fut important et utile pour vous.

OPTION 2 : PUBLIC INCONNU OU PRESQUE

Pour certains, le fait de ne pas connaître le public est un avantage car alors la crainte du jugement ou des *a priori* est amoindrie ! J'entends souvent ce genre de remarque et peux la comprendre. Mais il suffit de se dire que connu ou inconnu le public est globalement bienveillant et accueillant, sauf dans des cas extrêmes d'annonces de plan social face à des syndicats ou des salariés en détresse. Mais ne prenons pas ce genre de situations très particulières.

Donc vous ne connaissez pas les gens qui composent votre auditoire… eh bien qu'est-ce qui vous empêche de faire un peu connaissance ? Et les méthodes vont varier en fonction de la taille de l'auditoire.

Moins de cinquante personnes : vous êtes donc dans une salle avec une éventuelle sonorisation, vous pouvez questionner votre auditoire sur des éléments sans enjeu… afin d'établir un contact personnalisé. Exemples de questions :

- Nous sommes là pour trois heures, n'est-ce pas, et c'est ce qui vous a été annoncé ?
- Nous allons aborder ensemble tel sujet… n'est-ce pas ?
- Qu'attendez-vous de ces trois heures ? En quoi ce sujet vous concerne aujourd'hui ? Que savez-vous de ce sujet ?

En agissant de la sorte :

- vous parlez à la première personne du pluriel, vous établissez donc un contrat tacite, implicite : « Nous sommes là pour faire quelque chose ensemble », sous entendu « vous n'êtes pas là pour me subir. » Cela fait toute la différence ;
- vous vérifiez l'intérêt et les attentes de votre public pour votre intervention. Il vaut mieux constater au démarrage que le moment est mal

choisi (alors décaler l'intervention est essentiel) plutôt que de subir une salve destructrice sans comprendre pourquoi ;
- vous définissez le cadre formel de durée.

Lorsque vous aurez posé ces questions, il y a forcément des personnes qui vous auront renseigné et qui seront potentiellement des appuis ultérieurs. En effet, ce sont des personnes qui ne craignent pas de s'exprimer face à d'autres dans un contexte d'improvisation. Prêtez bien attention à leur place dans la salle et repérez-les bien.

En revanche, faites bien attention à ne pas établir avec ces personnes une relation de dialogue au sein du groupe : d'une part vous pourriez quand même les gêner en leur accordant une importance qu'elles ne souhaitent pas dans le groupe et d'autre part le groupe pourrait se sentir dévalorisé et non existant.

Comme vous le voyez, qu'on connaisse ou non son public, il y a des méthodes simples pour faire connaissance et bâtir une stratégie d'alliés, mais sans faire d'alliances nuisibles à la dynamique de groupe.

N'entrez pas dans le « Triangle de Karpmann »

Le psychologue Steve Karpmann (1960, élève d'Éric Berne) a défini ou identifié trois rôles ou types d'interactions dans lesquels nous entrons au sein de relations de groupes. Ces interactions se produisent aussi lors des présentations que nous faisons.

Regardons ensemble quels sont ces trois rôles et comment le jeu infernal se met en place.

Les trois rôles définis par Karpmann sont ceux du Persécuteur, Sauveur et Victime.

Prenons la scène suivante, pour illustrer le triangle infernal.

Persécuteur   *Sauveur*

Victime

LES RÔLES DE PERSÉCUTEUR, SAUVEUR ET VICTIME.

A fait une intervention qui jusque-là se passe bien quand B pose une question anodine. A voit ou entend dans la question de B une agression. A positionne alors B comme son Persécuteur et se place lui dans le rôle de la Victime. A cherche à se défendre et va alors agresser B. Les rôles changent puisque c'est A qui devient le persécuteur de « B victime ». Mais dans le public, un troisième homme apparaît… « C Sauveur ». Le Sauveur ne comprend pas forcément ce qui se trame, mais va prendre la défense de « B victime » ; en se faisant il devient au même instant le Persécuteur de A qui de persécuteur devient victime… et vous l'aurez compris les rôles commencent à tourner des uns aux autres. Les interlocuteurs vont endosser successivement les trois rôles de Persécuteur, Sauveur et Victime et changer chaque fois d'interlocuteur. Par principe, un sauveur cherche une victime, une victime qui se défend devient persécuteur et transforme son persécuteur en victime qui se cherche un sauveur !

Comment le dispositif se met-il en place ?

Gérez les publics délicats

Le dispositif se met en place simplement dès qu'il y a perception d'agression par un intervenant et que celui-ci met en place un système de défense. Il invite alors les autres à entrer dans le triangle infernal de Karpmann.

Comment ne pas entrer dans le triangle ou comment en sortir ?

En réalité, il « suffit » de ne pas répondre à la pseudo-agression, en revenant au FOS, faits, opinions et sentiments vus plus tôt. En effet, prenez du recul et analysez aussi vite que possible ce que vous ressentez comme l'agression et identifiez s'il s'agit d'une opinion (elle s'accepte et se respecte, mais est construite à partir d'une expérience qu'il faut retrouver), un sentiment (il est personnel et juste et acceptable, même si différent du vôtre. Là encore il convient de revenir à l'expérience antérieure) et enfin s'il s'agit déjà de l'expérience relatée par des faits… eh bien prenez-les pour ce qu'ils sont : une expérience différente de la vôtre ! Qui ne remet pas en cause la vôtre !

- N'*affrontez pas mais reconnaissez la différence*
- Distinguez faits, opinions et sentiments

Chapitre **18**
Travaillez votre pouvoir non verbal

Certains hommes sont irrésistibles et quand on les regarde ils nous marquent à jamais. Par ailleurs, des acteurs de cinéma incroyables sont devenus des inconnus au moment de l'apparition des voix dans l'ancien cinéma jusque-là muet. Alors que ce soit la gestuelle ou la voix, reconnaissons que ce sont des composantes essentielles de notre pouvoir de conviction et que nous ne pouvons tabler sur notre seul discours pour séduire. Nos attitudes et comportements comptent pour 55 %[1] dans notre capacité à convaincre. Nous appellerons cela notre pouvoir non verbal. Notre voix compte, elle, pour 38 % : elle fait partie du para-verbal et nous en verrons les cinq composantes. Le discours, c'est-à-dire les mots..., compte pour 7 %. Alors en conclusion, il vaut mieux rédiger un discours et le répéter debout en s'en imprégnant, que de faire des pages et pages... de notes !

Posez votre voix

RALENTISSEZ

Comme nous le disions précédemment, ralentissez ! Votre débit doit être proche de cent trente/cent quarante mots à la minute lors d'une intervention, alors que traditionnellement nous parlons à cent soixante-dix mots à

---

1. Travaux de Mehrabian, *source* : Cegos, « Manager : gérer les conflits au quotidien ».

Travaillez votre pouvoir non verbal

la minute. Donnez le temps à vos propos d'atteindre vos interlocuteurs... et donnez à ce dernier le temps de les :

- entendre ;
- comprendre ;
- accepter ;
- mémoriser... avant de passer à l'idée suivante.

N'accélérez pas si vous vous sentez en retard. Dans cette hypothèse, sélectionnez ce que vous voulez vraiment dire, dites-le et expliquez en quoi c'est important. Ensuite vous demandez à votre public s'il a des questions complémentaires et alors seulement en réponse à ces questions vous pouvez vous permettre de prolonger !

VARIEZ LE VOLUME

Ne cherchez pas à parler fort tout le temps : cela est fatigant, voire agressif, pour votre auditoire. Variez le volume. C'est important, baissez le son, justement ! Pour indiquer que l'attention du public est requise. Vous racontez une histoire, montez le son, etc. Bannissez un ton monocorde qui berce le public.

CHANGEZ DE TON !

Triste, gai, passionné, calme... jouez sur tous les tons possibles en restant cohérent avec le message que vous faites passer. Bannissez le ton professoral, ou monocorde, ou celui du dialogue...

TROUVEZ LE BON TIMBRE

Dans nos pays latins, le timbre grave est plus confortable que le timbre aigu. Si vous avez conscience que votre voix est haut placée, faites un effort pour la baisser. Travaillez dans ce sens. Vous constaterez avec surprise qu'avec quelques répétitions et entraînements votre timbre se régule de lui-même. Pour cela dans un premier temps ne tentez pas de parler fort. Travaillez les axes de progrès les uns après les autres.

UTILISEZ LES SILENCES

Il existe plusieurs types de silences. Utilisez-les comme autant de passerelles entre vous et le public.

- Le silence de confort : vous venez de terminer une longue phrase, ou vous enchaînez avec une autre idée... posez-vous et donnez à la précédente le temps de faire son chemin dans la tête de vos interlocuteurs. Le confort est à la fois pour vous et pour les autres.

- Le silence de complicité : vous venez de dire quelque chose de drôle, laissez à votre public le temps de comprendre que c'était une blague ou un trait d'humour, de rire et d'en profiter.

- Le silence de sens : vous appuyez quelque chose d'important par un silence. Si le public est en train d'écrire, laissez-lui alors le temps de terminer ses notes. Ce silence lui fait également comprendre la réflexion engagée par votre dernière idée.

- Le silence de respect : votre public est en train de se dissiper ; taisez-vous et attendez que le calme revienne. Rappelez-vous que votre objectif est de passer un message... ne parlez pas en même temps que les autres !

Appuyez votre regard

Chilina Hills affirme dans son ouvrage *Cultivez votre charisme* que le « regard est un instant de communion ». Et bien souvent il nous arrive de « juger » une personne sur son regard, sa façon de nous regarder, ou de ne pas nous regarder justement.

UN REGARD PRÉSENT

Appuyez vos yeux sur les personnes qui sont en face de vous. Si vous regardez le public, en quelques secondes, vous allez croiser des regards bienveillants, positifs, qui vous rassureront. Ces mêmes personnes vous soutiendront en hochant la tête par exemple ou en souriant. Appuyez-vous sur ces échanges-là.

- Évitez les notes. Évitez de poser vos yeux en permanence sur des pseudo-notes qu'en réalité vous ne lisez pas. Ce regard-là est une attitude de protection dont nul n'est dupe.
- Évitez la bougeotte : les yeux que l'on ne peut saisir car ils bougent en permanence... cela dénote aussi votre potentiel trac, ou malaise.
- Évitez le « dialogue ». Parcourez toute la salle de vos yeux, en prenant votre temps... ne vous arrêtez pas sur une seule personne avec laquelle vous entamez alors un dialogue au sein de l'assemblée. D'une part, vous excluez les autres participants de l'échange et ce, même si vous continuez à parler à tous ; d'autre part, vous mettez mal à l'aise cette personne au milieu de tous. Enfin, vous n'êtes alors plus en position de faire attention aux autres potentielles réactions en sursis...
- Évitez le dos. Cela semble sans doute une évidence, mais évitez de vous retourner pour lire les transparents projetés derrière vous... en tournant ainsi le dos à votre public. Regardez éventuellement l'écran de l'ordinateur qui est devant vous... c'est bien assez ! En effet, vos supports étant synthétiques, vous devez juste vérifier que c'est la bonne image au bon moment.

Redressez-vous !

Quelle que soit votre taille, redressez-vous. Gardez un dos plat, ferme et écartez vos épaules. Redressez la tête et regardez devant vous. Si vos notes sont posées sur une table, alors prenez une seconde pour baisser le regard et prendre connaissance de la suite… puis regardez votre public et parlez.

Une grande part de votre présence, et de votre prestance, passe par la ligne de votre dos. Gardez la droite. Et ce même si vous êtes grand ou grande.

Votre droiture va donner de l'élan à votre voix qui sera portée par l'ouverture de vos poumons.

Ouvrez vos bras et bougez !

Les quatre positions à éviter…

Parmi les postures classiques face à un public, il y en a quatre à éviter si possible :

- la posture du frileux : bras croisés sur la poitrine ! Vous indiquez de la sorte une protection, un retrait… ;
- la posture du nudiste : mains en bas croisées devant le pubis. Vous manquez alors de mobilité, indiquez la crainte… ;
- la posture du fusillé : mains croisées derrière le dos… ;
- la posture du prisonnier : une ou les deux mains dans les poches…

Privilégiez…

- Les gestes précis : faites des gestes précis et finis, comme un danseur qui travaille jusqu'à la position de ses ongles.
- Les gestes amples : décollez les bras du buste, ouvrez les mains, écartez-les en les gardant à la hauteur des coudes ou plus haut. N'hésitez pas, en répétition, à accentuer ces gestes… ils se réduiront d'eux-mêmes une fois la scène venue !

Les deux axes de communication non verbale

- La crédibilité[1] : vous souhaitez passer un message technique fort, une information importante, vous êtes légitime sur le sujet : campez-vous sur vos deux pieds et faites des gestes symétriques, verticaux, du haut vers le bas, gardez votre tête droite. Dans ce registre dit de la crédibilité vous dominez un sujet.
- L'accessibilité : vous ouvrez le dialogue ; le moment va se prêter aux échanges et aux questions, changez de registre non verbal : déhanchez-vous légèrement, orientez votre tête vers le bas ou vers le côté, faites des gestes asymétriques.

Stabilisez vos pieds et bougez !

Soyez stable

Que vous soyez assis ou debout, restez stable sur vos pieds :

- debout : installez-vous sur les deux pieds en gardant le même poids sur les deux. Évitez les déhanchements incongrus. Choisissez le déhanchement pour instaurer le registre, vu plus haut, de l'accessibilité ;
- assis : posez-vous vraiment sur la chaise ; évitez par exemple de rester en bord de chaise, avec le risque alors de commencer à vous balancer. Cela procure immanquablement une sensation de déséquilibre à votre auditoire. Installez-vous, avancez la chaise, de façon à disposer facilement de vos notes. Vérifiez que vous pouvez vous lever facilement sans risque de faire tomber la chaise, par exemple.

---

1. Shelle Rose-Charvet, conférencière internationale.

ÉVITEZ…

- Les balancements sur la chaise, ou d'avant en arrière sur vos pieds, ou latéralement…
- Les jeux de pieds : le pied qui bat la mesure, les talons qui claquent…
- Les jeux de mains : faire craquer ses phalanges, jouer avec ses pièces de monnaies dans sa poche pour les messieurs, avec leurs cheveux pour les dames…
- Les grimaces : évitez, en effet, les masques simiesques, drôlatiques… de temps en temps certes, pour pointer un trait d'humour, mais pas en permanence dans une démarche d'affirmation de soi.

BOUGEZ SUR LA LIGNE DU TEMPS !

Être stable n'est pas être immobile ! Certes vous éviterez les balancements et autres mouvements incongrus qui nuisent à votre impact, mais vous bougerez sur la scène et augmentez ce dernier… en améliorant votre aisance et votre plaisir !

Vous allez faire une expérience : demandez à plusieurs personnes de parler de leurs vacances passées et de faire un geste de la main en même temps. Regardez bien ce qui se passe : quatre personnes sur cinq vont bouger leur main gauche vers le haut, en direction de leur épaule gauche… cet espace en haut à gauche est leur passé. Si vous leur demandez maintenant de vous parler de leur prochain week-end et de faire un geste… il y a quatre personnes sur cinq qui vont faire un geste de la main droite vers la droite et le bas, ou l'horizontal… En synthèse, nous sommes sur une ligne imaginaire du temps : notre passé est à gauche et notre avenir vers la droite…

Que faire de ces éléments ?

Lorsque nous allons animer une présentation, une réunion, nous allons gérer cette ligne du temps… du point de vue de notre public. C'est-à-dire que nous allons nous inverser…

Prenons un exemple. Je sais que je vais aborder trois types d'informations pendant ma réunion : mes expériences passées, les enseignements que j'en tire et les concepts, ce que vous allez en faire. Je vais alors imaginer trois zones dans la salle, sur mon estrade par exemple. La zone de ma droite, gauche pour les interlocuteurs qui me font face, sera la zone du passé pour eux : chaque fois que j'aborde un thème relatif à mes expériences je me positionne physiquement dans cette zone.

La zone centrale de la scène est la zone des enseignements, des concepts. Chaque fois que mon contenu est de cette nature, je fais un pas ou deux pour me positionner dans cette zone-là.

La zone gauche de la scène est celle de l'avenir pour les participants : leur droite. Aussi, je me place dans cette zone dès que je vais leur parler de ce qu'ils vont devoir faire, ou de la manière dont ils pourront utiliser ces éléments dans le futur.

À quoi ça sert ? C'est du réflexe « pavlovien » ! En réalité, je provoque ce que l'on appelle, en programmation neurolinguistique, un ancrage, proche du réflexe de Pavlov. Inconsciemment, mes participants enregistrent les changements de sujet rien qu'à me voir changer de place et ce, après trois ou quatre déplacements seulement.

En pratique, ils vont donc se laisser aller quand je me positionne à leur gauche, car ils savent que je raconte une histoire ; se mobiliser quand je viens au centre, car ils vont sans doute prendre des notes et se préparer à travailler quand je vais plus loin vers leur droite...

Testez... vous verrez !

- Utilisez votre voix...
- Et les silences !
- Soyez congruents dans vos mouvements...
- Utilisez la ligne du temps

Chapitre **19**
Pour en finir avec l'oral

En guise de conclusion et avec le sourire voici les quelques idées reçues à l'oral, péchés capitaux et commandements… pour s'affirmer en public !

Les idées reçues de l'oral

- **Je dois parler vite pour en dire plus…** Non, je dois sélectionner ce que je veux dire, c'est-à-dire construire un message et vérifier que je l'ai bien fait passer. Je dois limiter les effets parasites !
- **Je dois être technique pour être crédible.** Non, je dois bannir le jargon et les sigles. Je vais m'adapter à mon auditoire, lui parler simplement pour faciliter sa compréhension, sa mémorisation… et sa restitution éventuelle à d'autres !
- **Je dois tout savoir et savoir répondre à toutes les questions…** Non, bien sûr. Si vous ne savez pas répondre à une question, vous proposerez de chercher la réponse et identifierez le moyen de la transmettre à votre interlocuteur.
- **Je dois tout dire…** Non. D'une part vous risquez de vous perdre dans les détails, de perdre vos interlocuteurs en route, de les lasser. Faites simple, court, clair…
- **Je ne dois pas me tromper…** Et pourquoi donc ? Tout le monde peut se tromper. Et à l'oral, avec ce stress et cette pression que nous nous

mettons tous plus ou moins, nous risquons certes de nous tromper. Ce qu'il ne faut pas faire : de l'acharnement dans l'erreur ! C'est-à-dire qu'à partir du moment où vous vous en êtes rendu compte, ne tombez pas dans la mauvaise foi ! Indiquez que vous vous êtes trompé, reprenez-vous, présentez vos excuses et... voilà !

Les sept péchés capitaux

- Le mépris de l'auditoire : mépriser son auditoire se fait autant par les attitudes que par les petites phrases assassines telles que « comme chacun sait... vous n'êtes pas sans savoir... je n'en dis pas plus car vous le savez... ». Ceux qui ne savent pas se sentent exclus.

- L'arrogance : se placer au-dessus des autres, soit par la gestuelle qui peut être arrogante, soit par des petites phrases également... Méfiez-vous des retours de bâtons. Soyez humbles, comme les plus grands !

- Le second degré religieux, sexuel, raciste, politique : l'humour est sans doute la chose au monde la plus difficile à partager ! Le second degré est une forme d'humour très particulière qui n'est pas appréciée de tous. Méfiez-vous de lui. Par ailleurs, les sujets sexe, politique, race et religion font référence à ce qu'il y a de plus important chez l'individu : ses valeurs. Évitez de blesser profondément des gens que vous ne connaissez pas ! Restez sur des terrains neutres...

- Le dépassement de temps : respectez le temps qui vous a été attribué et celui que vous avez indiqué à vos publics. Vous préparez votre intervention en identifiant le message clé que vous souhaitez faire passer. Si votre intervention est « raccourcie » : passez votre message ! POINT. Ensuite proposez de répondre à des questions et concluez un nouveau contrat avec le public : combien de temps décidons-nous, ensemble, de consacrer aux questions ?

- **La mauvaise foi...** bannissez la mauvaise foi. Vous vous êtes trompé, ça arrive... Reprenez-vous, appuyez-vous sur l'expérience apportée par le public... Votre ego souffre ? C'est normal, mais cette douleur n'est pas mortelle !
- **Le mensonge :** qu'y a-t-il à dire à ce sujet ?
- **Le hors sujet :** il arrive soit si vous avez mal compris la question posée au départ et que vous répondez à côté, soit si la demande qui vous a été formulée avant votre intervention n'était pas claire. Après avoir répondu à une question, vérifiez que votre interlocuteur est satisfait. Demandez-lui si la réponse lui convient. Avant de faire une intervention, annoncez le thème et l'objectif... et validez que c'est bien ce qui a été annoncé au public ? La réponse est « oui » tout va bien... La réponse est « non », vous pilotez alors une session rapide avec le public : faites parler un interlocuteur au nom du groupe, validez avec le groupe que ce qu'il dit est exact et cherchez une solution gagnant/gagnant ! Traitez votre sujet mais en dix minutes au lieu de trente... puis gérez une session différente ; annulez éventuellement... Tout est possible : il suffit juste de passer le contrat avec le public...

Les dix commandements de l'oral

- **Le temps imparti, vous respecterez.** Vous demanderez de combien de temps vous disposez, vous répéterez en conséquence, et viserez 25 % de moins pour être sûr d'être dans les temps. Aucun public ne râle quand « ça » finit plus tôt... (sauf concert de la star internationale !), mais tous rouspètent quand « ça » traîne en longueur.
- **Le sujet, vous maîtriserez.** Vous préparerez les éléments, répéterez...
- **Votre intervention, vous légitimerez.** Vous expliquerez en quoi le public est intéressé et pourquoi votre intervention a lieu maintenant...

Pour en finir avec l'oral

- **L'auditoire, vous connaîtrez.** Vous prendrez le temps de faire sa connaissance... *a minima*, en questionnant la salle... ou en aparté.
- **Vos vêtements avec soin, vous choisirez.** Bannissez l'ostentatoire, le transparent... les matières qui collent avec la chaleur ! Il n'est pas nécessaire de se rajouter un stress supplémentaire.
- **Une répétition, vous assurerez.** Vous vous mettrez en condition. Debout dans votre bureau ou votre salon, vous déroulerez la présentation avec les gestes et les mouvements que vous imaginez. Vous le ferez en déclenchant un chronomètre.
- **La veille, vous vous reposerez.** Le repos est sans doute une des conditions essentielles de la vigilance et de la mobilisation des ressources au bon moment.
- **Les lieux, vous repérerez.** Vous arriverez en avance, suffisamment pour visualiser l'espace, repérer les déplacements des groupes, vérifier la sonorisation et la projection.
- **Vos supports, vous adapterez.** En fonction de votre public, vous adapterez vos supports : forme, langage, illustrations...
- **Un plan, vous présenterez.** « A priori », « a posteriori » ou « a contrario », mais vous en ferez un avec lequel vous êtes à l'aise et surtout vous éviterez ensuite toute improvisation.

Bonus... du plaisir, vous prendrez ! Et vous me le ferez savoir...

- *Vous vous entraînerez...*
- *Et prendrez du plaisir...*

Partie **5**

AFFIRMEZ-VOUS À L'ÉCRIT

> « J'ai écrit parce que c'était
> la seule façon de parler en se taisant. »
> (Pascal Quignard, *Petit Traité sur méduse.*)

Quelle est la plus grande différence entre l'oral et l'écrit ? Qu'est-ce qui fait que l'oral nous stresse (pour beaucoup !) plus que l'écrit ? Il y a trois raisons principales.

L'apprentissage structuré ou autodidacte

L'écrit nous a été enseigné alors que l'oral, faire des présentations, a toujours été appris sur le tas, lors d'expériences, plus ou moins réussies, pendant les études. Mais si nous avons appris à parler lors de notre prime enfance, nous n'avons jamais appris à faire passer des messages, à utiliser les silences, à structurer notre pensée pour l'oral et à gérer les interactions. L'oral est autodidacte alors que l'écrit est appris.

L'affrontement synchrone ou asynchrone

À l'oral nous faisons face ! Aux autres et à nous-mêmes. L'évaluation est immédiate et nous en saisissons par les réponses non verbales de nos interlocuteurs tous les signaux que nous interprétons ensuite selon nos grilles de lecture personnelles.

Estime de soi et image de soi

L'oral nous renvoie l'image de nous-mêmes, notre propre conscience de nous. L'écrit lui, est le reflet de nos cognitions et savoir-faire. Il renvoie alors à notre estime de nous. Curieusement d'ailleurs c'est à l'oral que nous souhaitons faire « bonne impression » !

Pour autant, s'affirmer au bureau passe aussi grandement par une bonne gestion des écrits et ceux-ci sont de plus en plus nombreux. Nous allons nous focaliser ici sur les usages du mail et la rédaction de synthèses et de courriers professionnels.

Chapitre **20**
Déjouez les pièges du mail

Le principal piège du mail est la nature du langage parlé associée à cet outil écrit : en effet, la tendance consiste à écrire un mail avec la même simplicité et la même fluidité que l'on s'exprime à l'oral… mais le mail reste un écrit et les mots alors posés prennent un autre sens, un autre poids. En clair, il est nécessaire de soigner le style, mais également la liste des destinataires et de ne pas se tromper sur le rôle du mail.

Choisissez vos destinataires et copies

LES DESTINATAIRES SONT ACTEURS

La liste des destinataires et des personnes en copie doit être précisément définie. Les critères sont simples : qui est censé agir est mis en destinataire et qui est censé être informé est mis en copie.

LES « COPIES » SONT INFORMÉES !

Évitez, même si c'est facile et devenu l'usage, d'utiliser le mail pour vous « couvrir ». Nous sommes en train d'analyser les façons, techniques et méthodes pour s'affirmer au bureau… celle-ci n'en est pas une ! Bien au contraire. Elle produit l'effet inverse dans l'esprit des destinataires comme des personnes en copie.

Donc, pour chacun des destinataires, vous devrez vous poser la question suivante :

- Qu'est-ce que je veux que cette personne destinataire sache, pense, fasse, ou ressente à l'issue de ce mail ?

Et pour ceux qui seront en copie :

- En quoi ce mail est-il intéressant ou utile pour ces personnes ?

Si vos réponses ne sont pas claires dans les deux cas, c'est sans doute que les destinataires ou les « copies » ne sont pas directement concernés... alors pourquoi et « pour quoi » le leur faire parvenir ?

Revenons un instant aux destinataires : il est donc nécessaire d'avoir un objectif opérationnel derrière ce mail... indiquez-le en clair ! Ne faites pas dans l'implicite. Votre sujet arrive dans la boîte aux lettres d'un destinataire occupé à autre chose, pas forcément concerné par votre sujet au moment où vous le souhaiteriez, alors facilitez-lui la tâche et dites-lui ce que vous attendez de lui dans un style bienveillant, courtois et direct. Mais nous allons revenir sur ce point.

Un « objet » parlant !

L'objet du mail incite à lire ! Il existe deux natures de titres en journalisme :

- les titres informatifs ou pleins : ils comportent une grande partie de l'information ;
- les titres incitatifs ou creux : qui ne délivrent pas les informations mais suscitent l'intérêt des lecteurs. Ces derniers doivent alors faire l'effort de lire la suite pour comprendre de quoi on parle.

Ne demandez pas à quelqu'un de faire un effort quand :

- votre sujet se rajoute à sa charge de travail ;
- le mail lui apporte du travail supplémentaire ;
- il en prend connaissance à un moment que vous ne maîtrisez pas !

PRIVILÉGIEZ LES TITRES INFORMATIFS

Faites donc des titres informatifs avec le maximum d'informations dedans, même si, par la suite, vous aurez naturellement l'impression de vous répéter.

> Exemple : « Réunion du 23 janvier » deviendra « CR 23.01.08 – Relevé de décisions »
>
> Ou, autres exemples :
>
> - Conf. RDV du 23.01.07 – 13 h 00 – La Rotonde.
> - Express – Cahier central : Bouclage reporté au 23.01.08.
> - Suite stage – 2 docs à lire.
> - Stage X – 3 documents à lire avant le 23.01.08.

En fait à la lecture de l'objet du mail, votre destinataire sait :
- qu'il est réellement concerné ;
- la nature de la principale information ;
- éventuellement ce qui est attendu de lui et pour quand ;
- et donc s'il doit lire le reste du mail maintenant ou plus tard.

Et permettre ainsi le respect de l'organisation des autres est un point essentiel.

Soignez votre style

Le style est également très important dans le mail. Laissons la familiarité de côté… n'oublions pas que nous rédigeons un document et que nous ne parlons pas à notre interlocuteur.

Par ailleurs, nous sommes dans une communication asynchrone ! C'est-à-dire qu'entre le moment où nous rédigeons et celui où notre interlocuteur prend connaissance des éléments, il se passe du temps et son humeur n'est pas prévisible !

Aussi, si nous laissons transparaître les nôtres et qu'il les attrape alors de pleine face alors que lui-même est déjà dans une situation peut-être tendue, nous ne faisons rien pour améliorer la qualité des échanges et faciliter la réception de notre message !

PHRASE D'ACCUEIL

Utilisez dans la phrase d'accueil la formule que vous utiliseriez dans une note, « Cher X, ou chers collaborateurs, à toute l'équipe… ». Mais donnez du sens et du poids à cette entrée en matière.

CORPS DE TEXTE

Des phrases de vingt mots

En français limitez-vous à vingt mots par phrase. Limitez les enchaînements, jouez avec les puces si nécessaire.

Une ponctuation soignée

Bien sûr, il y a les *smileys* disponibles. Mais si vous êtes dans un registre professionnel et que vous voulez soigner votre crédibilité, bannissez ces accessoires d'adolescents. Utilisez une ponctuation soignée : un espace avant un « ! », pas avant une « , » ; soignez les majuscules et bannissez les successions de « !!!! » pour indiquer votre colère, énervement ou amusement. Dites plutôt factuellement ce que vous ressentez et vous verrez l'impact que cela aura sur votre interlocuteur ; sans compter que cela évitera les interprétations du style « ah bon, je croyais que tu plaisantais » alors que vous étiez en train d'exprimer un énervement majeur… ou inversement !

Maximum vingt lignes

Un mail de plus de vingt lignes va sans doute provoquer un réflexe d'impression de la part de votre interlocuteur. Par ailleurs, sachant que la mise en page sur un mail est quelque chose qui va « bouger » entre vos éléments et ceux reçus par les destinataires, vous ne pouvez que difficilement mettre en évidence les éléments importants sans prendre le risque que justement les couleurs sautent, les retours ligne disparaissent, etc.

Des dates complètes et pas de « demain »

N'oubliez pas que votre destinataire lira le mail à un moment que vous ne maîtrisez pas. Aussi tous les rapports au temps seront clarifiés. Ne dites pas « on se voit demain », mais « on se voit mardi 30 juin à 13 h 00 ». Les notions de demain, semaine prochaine, sont très subjectives et dépendent essentiellement du moment de lecture. Aussi facilitez-vous la tâche en la facilitant à votre interlocuteur et vous éviterez bien des ratages de rendez-vous.

Une formule de politesse aimable

Naturellement on peut signer « Cdt » pour cordialement… mais franchement ne vaut-il pas mieux, n'est-il pas plus agréable, de lire un « bien cordialement » écrit en entier ? Nous démontrons ainsi que nous accordons un minimum d'importance à notre interlocuteur en dehors et au-delà de l'information que nous lui adressons.

Écrire sur une colonne

Forcez le système en écrivant sur une colonne de quelques mots. En effet, la lecture est facilitée si les yeux de votre destinataire n'ont pas besoin de parcourir une ligne entière de son écran avant de passer à la suivante. C'est un principe de lecture active adopté par les journaux avec des colonnes très étroites.

Pièce jointe ou corps de texte ?

LE DOUBLE RÔLE DU MAIL

Le mail a deux vocations :
- transmettre une information rapide, type demande ou confirmation de rendez-vous ;
- transmettre en pièce jointe un document plus important tel que compte rendu de réunion, synthèse ou relevé d'actions.

Alors ne nous trompons pas : toutes les synthèses, notes de réunion, relevé de décisions seront rédigés et mis en page sous Word par exemple, et feront l'objet d'une pièce jointe. Le mail annonce avec courtoisie la pièce en question et indiquera éventuellement la principale information, afin d'attirer l'attention du lecteur sur la pièce jointe.

Comment ne pas utiliser les mails !

La question se pose souvent de savoir quel support utiliser dans nos entreprises pour transmettre des messages et des informations.

Il y a six critères qui nous permettent de décider du mail ou d'un autre moyen :
- le niveau professionnel de l'information : va-t-elle supposer une action rapide, une prise de décision, des interventions diverses ?
- l'urgence de la transmission : est-il nécessaire que cette information soit remise à ses destinataires dans les meilleurs délais ?
- la confidentialité : cette information peut-elle circuler ? ou pas ?

Déjouez les pièges du mail

- le nombre de personnes concernées ;
- le volume du document ;
- l'unicité du document si c'est un document de travail : nous devons les uns après les autres apporter par exemple des corrections à un même travail...

Au final, voici une liste de situations, évaluez votre utilisation des mails...

Situation	Oui	Non
Je souhaite une réunion avec une seule personne, sur un dossier en cours. J'envoie un mail.		
Je veux soulever un problème, je le fais par mail.		
J'attends une décision, je formule une relance par mail.		
Je formule une critique ponctuelle par mail.		
Je souhaite une réunion avec dix personnes. Je fixe l'heure et le jour et j'envoie un mail.		
J'annule un RDV cet après-midi par mail.		
J'annule une réunion dans dix jours par mail.		
J'envoie un compte rendu de réunion en PJ par mail.		
J'envoie une blague par mail.		
Je fais un bilan de ma journée à mon chef de service dans le corps du mail.		
Je suis en copie d'un mail et je fais suivre le document à une tierce personne.		
Je suis en copie et je réponds à tous.		
Je suis destinataire et je fais souvent suivre par mail.		
Je suis destinataire et je réponds à tous.		
Je suis mis en cause dans un mail adressé à plusieurs personnes, je réponds à tous en me défendant.		
Je demande des disponibilités par mail.		
J'envoie des mails à des personnes de mon service, voire de mon bureau, juste pour un renseignement.		---▶

Je lis mes mails dès leur arrivée		
J'attends des autres qu'ils lisent vite leurs mails et je les relance par téléphone dans les trois heures si je n'ai pas de réponse.		
Je garde tous mes mails depuis cinq ans.		

résultat

Comptez un point par « oui ».

Moins de 7 points : libéré des mails ou « *mail free* » comme disent les Anglo-Saxons
Vous utilisez le mail si nécessaire et privilégiez la communication synchrone et directe. Vous évitez les copies et réponses à tous. Attention cependant car tout le monde ne fonctionne pas comme vous. Les autres peuvent attendre de vous plus de réactivité.

Entre 8 et 14 points : vous êtes raisonnable
Vous savez faire le choix entre les mails et les autres outils tout en accordant quand même une priorité implicite au courriel. C'est plus facile et plus rapide.
Vous n'attendez pas des autres des réponses immédiates, mais vous avez tendance à lire vite vos courriels quand même.

Plus de 15 points : c'est l'addiction
Tout passe par le mail pour vous et vous les lisez à la seconde où ils arrivent. Vous disposez de plusieurs boîtes et d'un système pour les lire en déplacement ou pendant vos congés. Attention à ne pas les utiliser comme des parapluies et à ne pas attendre des autres le même comportement. Le téléphone ou la rencontre *de visu* sont parfois plus adaptés que le mail.

- *Méfiez-vous du mail !*
- *Le mail n'est qu'une enveloppe*
- *Choisissez vos destinataires*
- *Écrivez sur une colonne*

Chapitre 21
Rédigez rapports, synthèses et comptes rendus

C'est souvent à la lecture des synthèses et des comptes rendus que les salariés se font une idée des managers et inversement. Aussi soignez ces éléments de communication professionnelle en suivant les quelques conseils ci-après. Quelle différence faites-vous entre synthèse, compte rendu et résumé ?

- Les idées clés dans la synthèse : une synthèse, d'un document ou d'une réunion, met en évidence les idées clés, les principales décisions, etc., mais tout n'est pas répertorié. Selon *Le Robert* la synthèse est « l'assemblage d'éléments simples et variés en un ensemble cohérent ».
- Moins de mots dans le résumé : un résumé présente tous les éléments de la réunion, mais en moins de mots !
- Tous les éléments dans le compte rendu : le compte rendu reprend tous les éléments, même les plus insignifiants, d'une réunion. Il s'agit d'être exhaustif.

Dans tous les cas, il va s'agir d'aller au but... donc de le définir et ensuite d'utiliser les éléments d'habillage afin de rendre les documents attractifs.

Un rapport efficace

Un rapport efficace est « habillé ». Il est en effet doté d'une page de garde, d'un sommaire explicite, etc. Les informations détaillées sont organisées.

LA PAGE DE GARDE... GARDE !

Parmi les éléments d'habillage d'un rapport, il y a la page de garde. La première page visible qui donne donc les éléments constitutifs du rapport par exemple.

On trouve alors :

- le titre : aussi informatif que possible ;
- le nom du ou des auteurs, et éventuellement leurs fonctions ;
- la date complète de réalisation, rédaction ;
- la version : s'il y en a eu plusieurs ;
- le mode de diffusion et la qualité des destinataires.

Des éléments aussi fondamentaux que simples donnent de précieuses informations à vos lecteurs.

UN SOMMAIRE EXPLICITE
Des titres informatifs

Le sommaire est fondamental. Il permet en effet au lecteur d'être interactif dans sa lecture et de décider de lire exclusivement telle ou telle partie... ou rien ! En effet, si le sommaire est suffisamment explicite, il peut suffire à l'appréhension des principales notions du rapport.

Vous trouvez frustrant que votre rapport ne soit pas lu ? Le but n'est pas qu'il soit lu, mais que votre message soit passé et que le lecteur sache ce que vous attendiez de lui lorsque vous avez remis ces éléments. Aussi, plus votre sommaire sera efficace, plus rapide sera sa compréhension de la situation et plus efficace sera ensuite son travail avec ou sans le document : votre objectif sera atteint.

Combien de titres et sous-titres ?

Ne vous lancez pas dans la démultiplication des titres, sous-titres, sous-sous-titres et autres. En effet, facilitez l'enchaînement des idées à votre lecteur et dites-vous que sa mémoire immédiate sera capable d'appréhender 5 +/− 2 éléments ! Bannissez alors la succession de titres et sous titres : faites simple !

LES POINTS CLÉS EN ÉVIDENCE

Encore une fois, soyons efficaces ! Si nous souhaitons faire passer des messages et engager des lecteurs à l'action ou à la réflexion, il faut les aider ! Nous disposons pour ce faire de quelques outils simples !

Jouez sur les typos

Mettez en valeur ce qui est important dans votre texte. Les titres apparaîtront toujours de la même manière, soit en gras comme ceux de ce livre pour les intertitres, soit avec une numérotation simple.

Numérotez simplement

Ne vous lancez pas dans des numérotations complexes qui demandent à votre lecteur de faire un effort pour reconstituer votre cheminement de pensée. Gardez les 1, 2, 3, pour les têtes de chapitres, les A, B, C, pour les sous-parties et les puces ou gras pour les intertitres et listes.

Harmonisez les numérations

Le mode de numération doit être défini une fois pour toutes. Si vous avez choisi des chiffres dans un chapitre, gardez des chiffres dans les autres. Ne passez pas à un autre style qui va demander un effort d'adaptation à votre lecteur.

Légendes et graphiques simples

La légende et les graphiques doivent aussi être compréhensibles rapidement. Choisissez un mode de légende et un graphisme et ne changez pas tout le temps. Si vous avez choisi des camemberts, des histogrammes, gardez-les.

À noter... en résumé, etc.

Utilisez aussi les outils de mise en évidence des éléments importants en bas de page ou dans la marge. Carré, insert, flèche... tout ce qui peut rendre la lecture à la fois agréable et efficace.

Liste des sources et annexes

Mettez à la fin de votre rapport la liste des sources et des documents annexes qui vous ont servi à travailler.

Une synthèse... digne de ce nom !

Une synthèse ne reprend pas tous les éléments d'une réunion ou d'un rapport. Elle en reprend les essentiels en vue de... quelque chose de défini en amont. Pour réaliser une synthèse utile, il est nécessaire de savoir :

- à qui elle est destinée : sera-t-elle distribuée, envoyée... à qui ? comment ?
- à quoi elle servira : à illustrer une présentation, à argumenter sur un dossier, à présenter des cas, à retenir une information sensible... ;
- quelle doit donc être sa forme ? papier, ou présentation... autant ne travailler qu'une fois !

Un résumé, un point de situation ou un compte rendu

Le compte rendu est un résumé des faits destiné à permettre :
- aux absents d'être informés et éventuellement de les rendre capables de prendre une décision quand même ;
- aux participants de disposer d'un aide-mémoire.

Le compte rendu reprend donc les éléments suivants :
- la date, l'heure et le lieu de l'événement ;
- la liste des participants et leurs fonctions ou leurs contributions au projet ;
- un rappel des objectifs ou de l'ordre du jour ;
- les problèmes évoqués ;
- les opinions des personnes présentes, qu'elles soient convergentes ou divergentes ;
- éventuellement un avis personnel de l'auteur ;
- les prochaines étapes ou prochaines actions avec les acteurs, les délais et les objectifs.

Le compte rendu est donc :
- concis ;
- avec un ordre logique des points, qui n'est pas nécessairement l'ordre chronologique de la réunion.

Un relevé de décision

Le relevé de décision est l'étape synthèse du résumé précédent ! En effet, tel que son nom l'indique, le relevé de décision est la liste des points actés en réunion, avec les acteurs et les délais. Si des décisions ont été ajournées, la date de rediscussion est indiquée ainsi que le motif de l'ajournement.

Globalement, comment sélectionner les destinataires ?

SÉLECTIONNEZ LES DESTINATAIRES

Soignez la distribution de vos éléments. Comme nous le disions pour le mail, ne jouez pas la couverture de survie avec vos synthèses, comptes rendus et autres rapports. Chaque document est rédigé dans un but opérationnel et pas dans un but politique... normalement ! Aussi, c'est dans cette optique opérationnelle que vous allez choisir les destinataires et leur indiquer ce que vous souhaitez qu'ils fassent, pensent, sachent, ressentent à l'issue de cette lecture.

VOTRE OBJECTIF EN ACCOMPAGNEMENT

Un document (mail ou lettre rapide) va accompagner le support de travail. C'est dans cet élément d'accompagnement que vous indiquez votre objectif. Par exemple :

- Veuillez trouver ci-joint pour votre information...
- Dans le support ci-joint, vous trouverez la liste des décisions et des « pour action » envisagés dans notre projet...
- Dans l'exposé ci-après, vous lirez les arguments en faveur du projet...

En bref, plus vos éléments de travail seront :

- clairs ;
- concis ;
- concrets,

plus ils ont de chance d'être efficaces, et vous avec !

Sources et bibliographies

INDIQUEZ VOS SOURCES

Si vous utilisez des paroles, des conseils, des remarques qui vous ont été faits par des relations, professionnelles ou amicales, n'hésitez pas à « sourcer » les éléments. D'une part vous valorisez les apports que vous utilisez, par ailleurs vous permettez à vos lecteurs d'aller plus loin, enfin vous vous prémunissez contre les attaques en règle ! Ce qui n'est pas anodin quand on parle d'affirmation de soi !

DONNEZ UNE BIBLIOGRAPHIE

Si vos sources sont des ouvrages ou des sites Internet, faites de même. Listez-les avec le maximum de détails. Pour les livres, vous indiquerez :
- titre ;
- auteur ;
- maison d'édition ;
- année d'édition et nombre d'éditions.

POUR LES SITES INTERNET
- la page d'accueil du site ;
- la page de référence ;
- l'année de publication de l'article ;
- son auteur.

- *Distinguez rapport, compte rendu et synthèse*
- *Définissez votre objectif avant de rédiger*
- *Soyez simple et factuel*
- *Relisez-vous !*

Chapitre 22
Pour en finir avec l'écrit !

À l'écrit, il y a des erreurs qui ne pardonnent pas et qualifient directement leur responsable ! Qualifions ces erreurs de péchés capitaux et regardons-les de plus près.

Les péchés capitaux de l'écrit

LES FAUTES

Faute de frappe ou faute d'orthographe et de grammaire, il convient de les bannir. Nul ne peut prétendre demander le respect des autres si lui-même ne fait pas cet effort d'intérêt aux autres !

Comment faire concrètement ? Deux méthodes :

- faire relire par une personne neutre n'ayant pas connaissance du texte ;
- assurer vous-même une relecture orthographique. Dans cette deuxième option, il est fondamental d'assurer une relecture avec le seul objectif de corriger les fautes. En effet, votre cerveau peut difficilement s'attacher au sens ET à l'orthographe en même temps. Le sens va dominer et votre attention sera alors automatiquement focalisée sur la compréhension. Votre cerveau procède ensuite à ce que l'on appelle de la surdétermination : il corrige de lui-même les fautes afin que ce qu'il lise soit doté de sens… mais sans voir les fautes ! C'est ce phénomène qui nous fait laisser passer des fautes énormes alors que nous sommes sûrs d'avoir relu dix fois une page !

LES LONGUEURS

Faites court et simple. L'attention, l'intérêt, la disponibilité de vos lecteurs ne sont pas de longue durée. Facilitez-leur la tâche... ils vous en seront reconnaissants.

LES REDONDANCES

Bien sûr, vous allez aborder parfois le même sujet à plusieurs endroits... mais faites-le avec souplesse en indiquant en quoi vous apportez quelque chose de nouveau ! Ne lassez pas vos lecteurs qui ne manqueront pas de décrocher. Les redondances sémantiques sont également à bannir. À l'oral, déjà, elles sont insupportables... mais l'écrit les rend intolérables ! Par exemple « une durée de vingt jours... », ou « au jour d'aujourd'hui... ».

LE HORS SUJET

Annoncer un sujet et en traiter un autre... À bannir ! En effet, vos lecteurs se sentent floués et vous discréditent directement...

LA VULGARITÉ

À l'oral, il est évident qu'il faut la bannir. Inutile de dire que familiarité et vulgarité sont des pièges. Restons dans un registre professionnel : il n'est point besoin d'être vulgaire pour s'affirmer, même si c'est ce que peuvent penser certaines personnes !

LE LANGAGE PARLÉ

Chaque objectif a son support et, soyons clair, un support écrit ne se traite pas comme l'oral. C'est le pire des pièges, qui démontre, le plus rapidement du monde, un manque de respect évident envers vos interlocuteurs. Soignez votre écrit, sans aller dans le suranné...

Le plagiat

Vous pouvez citer des sources, reprendre des phrases de livres. Mais par respect pour le travail des autres, citez les auteurs, citez les maisons d'édition. Si vous ne le faites pas, vous vous discréditez auprès de ceux qui d'une part le découvriront et d'autre part ne manqueront pas de vous en faire une belle publicité ! Ce serait dommage.

Les idées reçues à l'écrit

Nous identifions quatre principales idées reçues à l'écrit… qui nuisent naturellement à notre impact sur les autres. Les voici sans ordre particulier !

Croire que faire long fait intelligent

Il y a ceux qui ne savent pas faire court, ceux qui pensent que faire long est mieux, ou dans un autre registre « qu'il faut leur en donner pour leur argent… » ! Faites court. À une époque où le temps vaut si cher, ou la pression est si grande, rendez service à vos lecteurs… sans compter que vous vous simplifiez aussi la tâche et que vous limitez alors les risques de fautes ! Bref, c'est gagnant à tous les points de vue !

Penser que les autres feront l'effort de comprendre

Simplifiez vos écrits, simplifiez vos idées… les autres n'ont pas forcément votre connaissance du sujet et ne feront pas nécessairement l'effort de comprendre. Alors si vous voulez faciliter l'ancrage de vos messages, encourager leur restitution à d'autres, ensuite, il vous faut faire le travail de vulgarisation. C'est à ce titre-là que les écarts entre les messages émis et les messages reçus seront réduits.

VOIR SON SUJET COMME UNIVERSELLEMENT PASSIONNANT

Écrire ou parler pendant des heures sans tenir compte du manque d'intérêt des autres pour votre sujet est d'une arrogance rare. Laissez tomber ! Si votre sujet n'intéresse pas, vous ne convaincrez pas ! Alors, il vous faut chercher par quel angle intéresser votre public, donc chercher le point d'entrée… qui ne sera pas forcément le vôtre.

PENSER QUE L'HUMOUR EST UNIVERSEL

L'humour est sans doute une des choses au monde les moins partagées ! Bannissez déjà le second degré d'une façon générale. C'est une forme d'humour traître et délicate car vous pouvez, sans le savoir, heurter des sensibilités, humilier des interlocuteurs ou des lecteurs.

Par ailleurs, à l'écrit, il y a le moment de l'écriture et celui de la lecture. Nous sommes dans une démarche asynchrone et nous ne maîtrisons pas l'état d'esprit de nos destinataires au moment de la réception de nos éléments. Une ponctuation oubliée et c'est comme une attaque en règle que sera lue notre bien bonne blague !

Parmi les thèmes que nous préserverons de toute pointe d'humour : le sexe, la religion, la politique et les races. Nous sommes là sur le terrain miné des valeurs…

- À l'écrit comme à l'oral, soyez simple et congruent !

Partie 6

AVEC VOS CLIENTS ET FOURNISSEURS

S'affirmer au bureau… c'est aussi s'affirmer auprès de ses interlocuteurs externes tels que clients et fournisseurs.

En effet, le respect que vous aurez de vos collaborateurs et managers pourra aussi provenir des relations que vous saurez établir en externe avec les uns et les autres.

Nous allons donc étudier les attitudes des uns et des autres et comment répondre à leurs besoins, en respectant nos contraintes professionnelles.

Chapitre 23
Identifiez les attitudes de vos clients…

Commencez par vous donner le droit de bien ou mieux travailler avec vos clients. Dans nos univers policés, nous partons du postulat que le client est roi, et qu'à ce titre, nous devons tout lui céder ou presque ! Que nenni ! Certes le client est vital pour notre structure et le bouche-à-oreille agit mieux que toutes les campagnes de communication… Mais comment faire alors pour gérer au mieux les clients « rigides », « colériques », « versatiles »

Le client rigide : il a son idée !
QUI EST-IL ?
Le client rigide a des exigences. Il sait ce qu'il cherche et a déjà effectué des comparatifs dans les catalogues, a déjà rencontré vos concurrents… Il veut quelque chose de précis et n'acceptera pas autre chose ! Par exemple, il veut tel modèle ou type de photocopieuse. Son attitude est avant tout fonctionnelle. Il exprime des besoins en termes opérationnels. « Il faut que la photocopieuse puisse assurer mille copies par jour, en plusieurs couleurs, avec plusieurs formats. Mes salariés sont en réseau, et tous seront reliés à cette même photocopieuse. »

LE COMPORTEMENT À ÉVITER...

Pas question de remplacer une fonction par une autre. Lui dire par exemple « je n'ai qu'un format de papier, mais la machine peut débiter jusqu'à mille deux cents pages par minute... », ce n'est pas ce qu'il recherche. Il sera agacé par votre comportement et pensera que vous voulez lui vendre à tout prix votre marchandise. Il ne s'intéressera que peu au prix, au look de la machine, à la place qu'elle occupe. Ce client va exprimer les caractéristiques du produit qu'il veut avoir : « Je veux la X503, car j'ai regardé ses options, c'est ce que je cherche... » Il se moque du dernier modèle, de la surcapacité de tel autre, de l'assistance technique : ne perdez pas de temps. Vous devez jouer la transparence. Indiquez si vous avez ou non le produit. Ne tentez pas de le faire changer de gamme, il « sait, veut et paye » : SVP ! D'ailleurs, il connaît aussi les prix des concurrents, et s'il vous fait venir... c'est dans l'optique d'obtenir le mieux pour lui. La vente devrait être plus facile.

COMMENT FAIRE...

Le client peut avoir mal identifié ou formulé son besoin. Pour vous en assurer, placez-vous sur la même longueur d'onde que lui, en parlant des fonctions du produit et en lui demandant de préciser l'usage qu'il veut en faire afin de bien vérifier avec lui qu'il ne fait pas d'erreur.

S'il refuse tout dialogue, listez les différentes options du produit au moment de la signature de la vente, afin d'éviter tout mécontentement par la suite. Indiquez-lui clairement, et si possible par écrit, les fonctionnalités de la machine, les avantages et le cas échéant ses limites. Soyez totalement à sa disposition en cas de question, elles sont rares chez ce type de client !

Globalement un rigide peut se transformer en client « de mauvaise foi » : « Vous ne m'aviez pas dit que cette photocopieuse était en fin de vie ! » ou : « Vous ne m'aviez pas dit que l'assistance était en plus », ou encore « que les pièces détachées étaient si chères »... Naturellement, puisqu'il ne vous en avait pas laissé le temps ni l'opportunité !

Le client gourmand : toujours plus !

Qui est-il ?

Vous croiserez aussi des clients « Monsieur Plus »... celui qui n'est jamais satisfait. Il vient de vous acheter la machine ou le logiciel, mais il continue les comparaisons, et ne manquera pas de revenir vers vous pour obtenir : « l'assistance week-end gratuite, la dernière offre moins 10 %, l'extension de garantie... » À la fois il veut plus de votre part, mais il ne sera jamais satisfait. Il exprime sans arrêt des critiques et formule le sempiternel chantage à la concurrence !

Le danger avec ce type de client ? Il n'y en a pas vraiment, si ce n'est qu'il vous fait perdre votre temps. De toute manière un jour il vous quittera pour la concurrence... puis reviendra, car il a avant tout besoin d'être écouté.

Le comportement à éviter...

Lui céder en permanence. Cela vous enferme dans son piège. Il n'arrêtera pas de demander toujours plus en argumentant – à juste titre – que la dernière fois vous avez dit « oui » ! Et si vous lui dites « non » alors, il ira voir un de vos collègues, ou un manager, à qui il racontera que vous avez accordé telle faveur il y a quinze jours et que vous refusez aujourd'hui ! Position intenable pour vos collaborateurs...

Comment faire

Restez ferme. Votre produit a de la valeur. Si vos concurrents cèdent... tant mieux. Laissez-le tester ! Ne perdez pas votre temps dans une lutte inégale, coûteuse et chronophage. Si vous en avez l'occasion offrez-lui quelque chose qui est prévu comme une promotion, mais qui reste « dans les clous » de l'entreprise. Pas de faveur même exceptionnelle ! Surtout pas.

Le client (apparemment) hésitant : « Je dois réfléchir »

QUI EST-IL ?

Il ne sait pas. Il dit oui avec la tête, mais non avec le cœur, peut-être pour vous faire plaisir, peut-être par scepticisme... il se laisse influencer par les uns, les autres. Il lit la presse mais ne lui fait pas confiance. Il recueille des avis sur Internet, mais *idem*... « Ces gens-là ne sont pas des experts ! »...

Dans certains cas en fait, il ne sait pas réellement ce qu'il cherche, dans d'autres cas il vous met la pression et cherche à vous manipuler.

LES COMPORTEMENTS À ÉVITER...

Le danger est qu'il vous reproche un jour de ne pas vous occuper de lui ou de l'avoir mal conseillé. Alors évitez de le pousser à décider... ne rentrez pas dans son jeu et ne l'influencez pas, ne faites pas de promesses sur l'avenir, restez factuel, simple, opérationnel. Ne donnez pas d'opinions mais des faits.

COMMENT FAIRE ?

Écoutez-le, questionnez-le, proposez-lui de rédiger avec lui un cahier des charges de ce qu'il cherche et de bâtir un tableau comparatif des options possibles. Rédigez le maximum de choses, faites des notes simples. Donnez-lui du temps pour réfléchir... Mais surtout ne donnez pas votre opinion !

Le client « plus » souple

QUI EST-IL ?

Le client souple sait ce qu'il veut ; il exprime des attentes et des besoins. Cependant, si une des attentes n'est pas satisfaite, mais que le vendeur sait lui proposer une contrepartie efficace et utile, alors l'affaire sera conclue. Par exemple, une cliente veut gérer sa comptabilité de département facilement sans avoir de diplôme de comptabilité ni un logiciel trop lourd. Elle sait aussi qu'elle devra saisir des écritures mais parfois les annuler... elle ne sera pas la seule à saisir les informations et souhaite un système grâce auquel elle ne perdra pas ses données. Le vendeur lui explique que sur son « logiciel elle ne pourra pas effacer l'écriture comptable, il faudra saisir l'écriture contraire, en revanche elle conservera tout l'historique et en plus cela évite à ses collègues d'effacer malencontreusement ses écritures ! ».

LE COMPORTEMENT À ÉVITER

Le danger : que le client souple ait mal identifié ses priorités en termes de fonction et se laisse influencer par votre offre. Il peut ensuite vous faire savoir que ce n'était pas ce qu'il cherchait.

COMMENT FAIRE ?

Bien travailler avec lui sur la hiérarchie de ses priorités concrètes dans le cadre de son travail, les valider de façon écrite.

Le client infidèle : aujourd'hui avec vous, demain chez la concurrence

QUI EST-IL ?

Souple ou rigide, il change régulièrement de prestataires et de fournisseurs : soit parce que c'est la politique de son entreprise, soit parce qu'il manque de confiance en lui... et donc en eux ! Il peut aussi être curieux et à l'affût... enfin bref, il met la pression à tous et à vous en particulier, mais la relation est difficile à élaborer sur le long terme.

LE COMPORTEMENT À ÉVITER

Le danger consiste à trop investir la relation et accorder des remises conséquentes pour un retour sur investissement ponctuel et à court terme.

COMMENT FAIRE ?

Traitez-le bien… mais comme un client bonus ! Un que vous risquez de perdre et que vous savez pouvoir perdre sans vous mettre en danger. Ne misez pas vos objectifs annuels sur le CA qu'il apporte. Soyez courtois, ferme, mais c'est tout.

Le client « relation » : le pire à manager !

QUI EST-IL ?

Il arrive dans votre portefeuille parce que c'est un « ami » de tel collègue ou manager… ou le vôtre.

- Souple : il sera transparent avec vous et saura faire la distinction entre ses relations et ses affaires. Il y fera référence mais seulement en fin d'entretien en demandant de « transmettre son meilleur souvenir » et ne fera pas nécessairement de « retour » à son « ami » sur la nature de vos échanges.

- Rigide : il va abuser de sa relation pour vous mettre la pression, obtenir le maximum… et il y a fort à parier que, si le dossier vous a été confié, « c'est pour que vous ne puissiez pas dire non ».

LE COMPORTEMENT À ÉVITER

Le danger : que vous accordiez trop… par peur de décevoir lui ou votre relation commune. Vous allez alors mettre en porte à faux à la fois vos collègues, mais aussi vous-même, par rapport à vos autres clients qui ne manqueront pas de s'en apercevoir !

Identifiez les attitudes de vos clients...

COMMENT FAIRE ?

Soyez professionnel ! Simple et factuel, indiquez que vous connaissez la nature des relations qui existent entre le client et votre collègue et que vous « vous ferez un plaisir de traiter ce dossier dans les meilleures conditions possible »… mais n'en faites pas trop !

Si c'est « votre » relation et que rester pro vous semble difficile : transmettez le dossier à « un excellent collègue, expert du sujet. Vous suivrez personnellement les éléments, mais ce sera mieux pour tout le monde ».

Notez tout. Traitez le dossier avec toute la diligence et tout le professionnalisme qui sont les vôtres et ne prenez pas les décisions seul ! Demandez conseil et soutien soit à votre manager, soit à la « relation » en interne afin de définir conjointement la « CAT » ou Conduite À Tenir ! Surtout si c'est votre relation !

Managez vos clients commence par l'écoute et le décryptage des attitudes et attentes… sachant qu'un rigide pourra s'assouplir avec le temps dans le cadre d'une relation de confiance… mais il serait dommage qu'un client souple se rigidifie… Alors, écoutez aussi les clients qui posent le moins de problèmes !

- *Identifiez les attitudes et comportements de vos clients*
- *Dites-vous quils SONT comme ça et que cela n'est pas contre vous*
- *Soyez en ligne avec vos valeurs en accueillant celles des autres !*

Chapitre 24
Acceptez les besoins de vos clients !

Nous venons de voir que nos clients ont des attitudes variables et que nous devons nous adapter, pour la pérennité et le confort de notre relation.

Qui sont nos clients ?

Nous avons vu dans un chapitre précédent que les individus avaient potentiellement six modes de fonctionnement différents (les besogneux, les créatifs, les affectifs, les rêveurs, les idéalistes, les compétiteurs) et que les besoins et attentes de ces personnes n'étaient donc pas les mêmes.

Il convient pour nous :

- d'accepter que ce qui est important pour nous ne le soit pas pour notre client... et inversement !
- d'identifier alors ce qui compte le plus pour le client, et de le mettre en valeur ;
- le tout dans une relation gagnant/gagnant sur le long terme et surtout pas pour faire un coup... qui serait alors forcément ponctuel !

Rapide rappel sur les attentes et besoins des clients en fonction de leurs profils.

- le client besogneux : des détails, des tableaux, des chiffres, un maximum d'information, des garanties de réussite..., du pragmatisme, du confort, de la sécurité ; des placements stables et sûrs. Il ne doit pas avoir de surprise ;

Acceptez les besoins de vos clients !

- le client créatif : de la nouveauté, de l'originalité, de la créativité, du clinquant, du visible, de la modularité. Il faut des choses variées, qui sortent de l'ordinaire. Il fonctionne au coup de cœur ;
- le client affectif : de la chaleur, du confort, de la sécurité, une âme, une histoire, un attachement... Ses achats lui ressemblent, et se ressemblent entre eux d'ailleurs. Il recherche de l'harmonie ;
- le client rêveur : de l'espace, de l'imagination, du temps libre, de la modularité, de la simplicité, de la beauté, du calme... ;
- le client idéaliste : des grandes causes, des opinions, de l'originalité pesée. Sa maison est écolo, sa voiture utilise des biocarburants, il achète commerce équitable, vérifie les origines... non pas de manière maladive, mais pour soutenir des causes ;
- le client compétiteur : de la performance, de la productivité, de la réussite, des résultats, des retours sur investissements... Il va vite, calcule vite, compare, fait des affaires.

Une fois identifiés les besoins des clients, il faut non seulement savoir travailler avec eux, mais répondre à leurs besoins au bon moment avec les bons mots. Rassurez-vous : avec l'entraînement, vous y arriverez.

Bien travailler avec ses clients

Une fois que nous savons qui sont nos clients, il n'est pas très difficile de mettre en place une méthode de travail qui satisfasse les deux parties.

CADRER L'ENTRETIEN

Vous faites connaissance avec un interlocuteur professionnel, commencez par cadrer l'entretien. Cette démarche se fait au téléphone ou *de visu*, avant la réunion ou au moment de la commencer.

Voici les éléments à obtenir de votre interlocuteur en le questionnant avec bienveillance :

Qui est-il ?

La taille de sa structure, les moyens dont il dispose, sa fonction…

Comment vous connaît-il ?

Vous a-t-il trouvé sur Internet, sur un salon, par le bouche-à-oreille ou connaît-il quelqu'un dans votre entreprise ? A-t-il déjà travaillé avec votre entreprise ? Comment cela s'était-il passé ?

Que souhaite-t-il en vous contactant ?

Faites préciser à votre client sa démarche. Souhaite-t-il faire une analyse préachat de la concurrence, se faire une idée, des conseils, ou acheter… ? C'est important de savoir dans quel contexte vous vous situez afin de décider ensuite quelle énergie vous développerez pour traiter cette demande.

Dans quels délais se place-t-il ?

Travaille-t-il dans l'urgence ou dans un délai raisonnable ? C'est toujours bon de le savoir avant de commencer ! L'urgence est en plus très subjective. Pour vous une semaine c'est court, mais pour votre client c'est peut-être une autre vie.

Quel est le dispositif concurrentiel mis en place ?

Regarde-t-il plusieurs concurrents ? Sachez où vous mettez les pieds avant de commencer à préparer une réponse. Si votre client est directement en phase d'appel d'offres et que vous souhaitez concourir, faites-le. Mais s'il cherche les potentiels compétiteurs qu'il va ensuite mettre en concurrence, il vaut mieux que vous le sachiez, et que vous sachiez face à qui vous allez vous trouver.

Validez la demande et le mode opératoire.

Une fois les questions précédentes traitées vous pouvez commencer à travailler avec votre client en lui faisant bien préciser sa requête.

QUE VEUT-IL ET SOUS QUELLE FORME ?

Faites préciser les éléments attendus afin de ne pas partir sur une fausse piste. Faites également préciser sous quelle forme il attend les éléments. Mail, papier, présentations, échantillons... en fonction de la demande de nombreuses options sont possibles et il s'agit de ne pas travailler dans le mauvais sens et donc pour rien !

DANS QUELS OBJECTIFS ?

Identifiez la motivation de votre interlocuteur. Pour quoi, au sens dans quel but, souhaite-t-il faire cela ? Essayez d'identifier ses objectifs personnels et les objectifs de sa structure... ne restez pas sur le moindre doute quant à la finalité de la requête.

À QUOI SAURA-T-IL QU'IL LES A ATTEINTS ?
À QUOI VERRA-T-IL QU'IL EST SATISFAIT ?

Cette question est essentielle pour valider le travail fait par la suite... ces indicateurs sont absolument essentiels pour éviter la mauvaise foi, source de discorde !

DANS QUELS DÉLAIS TRAVAILLE-T-IL POUR LA RÉALISATION DE L'OFFRE ?

Il est fondamental de savoir avant de commencer à travailler pour un client dans quel degré d'urgence il est, et comment va se passer ensuite la collaboration. Une situation d'urgence mérite d'être acceptée certes, bien souvent, mais seulement si elle est réellement motivée... pas si elle est en réalité le fonctionnement habituel du client !

Quels seront vos interlocuteurs chez eux pour dérouler le projet ?

Disposez-vous d'un interlocuteur privilégié ? Qui est-il ? Est-il décisionnaire ou pas ? Est-il seul ou pas ? S'il s'agit d'un comité de pilotage : quels sont les acteurs de ce comité ? Comment fonctionnent-ils ensemble ? Quels sont les enjeux pour chacun dans ce projet... en gros, il s'agit de tenter de savoir, si oui ou non, tout le monde veut aller dans le même sens !

Comment allez-vous travailler avec lui ?

Quel est le mode opératoire ? Échanges de mails, réunions sur site... par téléphone. Toutes les options sont possibles à la condition :
- qu'elles soient déterminées avant ;
- qu'elles satisfassent les deux parties en présence ;
- qu'elles permettent la bonne marche de la prestation.

Proposer « la » solution

Vous êtes maintenant en phase finale... vous faites face au client en vue de lui proposer votre offre, votre solution en réponse à sa demande. Faites simple. Choisissez le plan de votre exposé... Vous avez le choix entre un plan *a priori* ou un plan *a posteriori* comme nous les avons décrits plus tôt dans cet ouvrage. Mais allons plus loin dans la construction de votre argumentaire. Utilisez une méthode dite « CAB » qui est une méthode de marketing très opérationnelle... CAB : Caractéristiques-Avantages-Bénéfices.

- Caractéristiques : soyez factuel et simple. Décrivez votre offre. Donnez des éléments précis, des faits, des chiffres...
- Avantages : donnez alors les avantages de votre offre par rapport à d'autres sur le marché ou dans votre portefeuille. Vous établissez ici une comparaison. Mais là encore vous êtes le plus factuel possible.

Acceptez les besoins de vos clients !

- Bénéfices : dans cette dernière phase vous indiquez les bénéfices pour votre client. Et gardez en tête que ce qui constitue un avantage évident pour vous, ne l'est peut-être pas autant pour votre client, parce que nous ne fonctionnons pas tous de la même façon et que nous n'avons pas les mêmes besoins psychologiques.

Vous l'aurez compris, c'est à ce moment que nous allons mettre en évidence les caractéristiques, avantages et bénéfices de l'offre, qui répondent aux besoins de nos clients ! Sans nier les autres... mais juste en choisissant un « angle de vue » favorable.

Attention : il s'agit naturellement de conserver la relation gagnant-gagnant, c'est-à-dire d'influencer, certes, mais avec intégrité.

IMAGINER UN « PLAN B »

Le client rechigne... cherchez alors un plan B. Une solution gagnant-gagnant ! Mais qui ne soit pas la première. Vous avez peut-être fait une ristourne, mais alors la prise en charge de l'objet est aux frais du client... par exemple. Vous trouvez des compensations des deux côtés. Le plan B doit absolument être satisfaisant pour les deux parties en présence sinon la sensation de frustration sera évidente et rapide.

ENVISAGER LES CONDITIONS FINANCIÈRES ET DE PAIEMENT

Ne pas se laisser piéger par la première conclusion de « l'affaire ». En effet, ravi d'avoir peut-être séduit votre client, il vous reste malgré tout à ne pas laisser dériver les événements sur le sujet sensible de l'argent. Il convient donc d'envisager les conditions financières et de paiement.

- Les conditions financières : c'est simplement le prix du produit. Attention entre professionnels il n'est pas rare de parler hors taxes et de distinguer honoraires, frais techniques, frais de fabrication, frais de dossiers, droits divers (reproduction, utilisation, image, auteur...), autant d'éléments qui s'ajoutent les uns aux autres et viennent semer la discorde. Validez bien ce que recouvre le tarif annoncé et lister le détail avec votre interlocuteur. Demandez les justifications des postes listés et négociez ce qui est négociable… mais pas pour le principe !

- Les conditions de paiement sont en fait l'échelonnement éventuel des paiements : à la commande, à la livraison, par virement, par chèque… Validez aussi ces éléments-là afin de ne pas vous retrouver entre deux feux : celui des fournisseurs qui vous facturent tôt et celui des clients qui payent tard… vous assurerez alors la trésorerie entre les deux !

PRÉPARER LA POTENTIELLE SORTIE DE ROUTE…

Même avec un client sympathique, agréable et courtois, nous pouvons et devons envisager l'interruption du contrat. Un désaccord peut survenir à un moment donné et il est essentiel de prévoir cette période de cessation de collaboration afin d'éviter tout débordement propice ensuite à une mauvaise réputation. Voici les questions que vous vous poserez :

- cesser la collaboration : vous allez envisager ici de quelle manière l'une des parties doit informer l'autre de l'arrêt de la collaboration : de quel moyen, sous quels délais et sous quelles conditions de dédommagement et pour quel motif. Vous listerez aussi les motifs recevables et ceux qui justifieront une période de préavis ou un dédommagement potentiel.

- les éléments déjà livrés : qu'en est-il alors des éléments déjà livrés ou de ceux en cours de livraison et de l'utilisation ultérieure des éléments en possession du client ?

- les éléments en cours de réalisation : doivent-ils être livrés, ou non ? sous quelles conditions, de dédommagement ou pas…

Et naturellement, un juriste vous conseillera sur la rédaction de ces éléments contractuels.

Acceptez les besoins de vos clients !

Traiter une réclamation client

Le client est dit roi, certes. Mais jusqu'à un certain point seulement. En effet, il peut se tromper, aussi ! Et être de mauvaise foi, aussi ! Mais avoir raison, aussi !

Faites-lui suivre la démarche FAIR :

- F comme faits : Demandez à votre client de vous préciser les faits, les éléments qui dysfonctionnent et sont à l'origine de sa démarche de réclamation.

- A comme action : faites-lui préciser ce qu'il a fait depuis le constat. Quelles ont été ses démarches, à qui s'est-il adressé, qu'a-t-il reçu comme réponse ? Le but est ici de savoir où en est le client dans sa requête et si son mécontentement est justifié par le dysfonctionnement ou par ce qui s'est passé ensuite.

- I comme incidences : demandez-lui de vous préciser alors les conséquences pour lui. Il convient d'évaluer un réel préjudice, et non pas de mesurer son état de colère ou d'évaluer que celle-ci est légitime ou pas.

- R comme requête : vous lui demandez alors ce qu'il souhaite comme compensation. Ce n'est pas parce qu'il fait une demande qu'il aura exactement ce qu'il souhaite… mais cela vous donne une sorte d'indicateur de son niveau d'exigence. Si la requête formulée vous semble légitime, en la satisfaisant vous fidélisez sans doute votre client. Si elle ne vous semble pas légitime, car disproportionnée, mais que vous pouvez faire une contre proposition… faites-la.

- *Clarifiez la demande de vos clients…*
- *Identifiez les besoins réels*
- *Soyez honnête dans votre offre*
- *Et professionnel dans le service !*

Chapitre **25**
Et avec ses fournisseurs !

S'affirmer envers ses fournisseurs est plus simple puisque – apparemment du moins ! – le « rapport de force » nous est favorable. En effet, nous sommes le client – sans doute vital – pour notre interlocuteur (bien sûr !) !

Cela n'empêche pas de garder un rapport gagnant/gagnant et de travailler dans le respect et dans une démarche de partenaires plutôt que de client/prestataire.

Quelques règles de base pour se faire respecter de nos fournisseurs.

Rédigez un cahier des charges transparent

Faites un document écrit de ce que vous attendez et remettez-le à votre fournisseur. D'une part, vous éclaircissez vos idées et, d'autre part, vous lui permettez de poser des questions précises afin que sa réponse soit en phase avec votre demande réelle. Par ailleurs vous aurez aussi fait valider en amont ce cahier des charges par votre manager… ce qui évite les changements d'avis en cours de route… On ne sait jamais !

INDIQUEZ DÉLAIS ET BUDGET

Au moins à la louche, indiquez avec honnêteté budget et délais de travail. Vous avez tout à gagner : un fournisseur clairvoyant sera vite motivé. Ne jouez pas sur des pseudo-urgences, en mettant la pression sur des fournisseurs. Naturellement, ils vont vous satisfaire, mais dans la grogne et pas

Et avec ses fournisseurs !

dans le respect d'une bonne collaboration. *Idem* pour les budgets, indiquez clairement les sommes dont vous disposez. Ensuite négociez ce qui vous semble judicieux de négocier, mais ne coupez pas les budgets en deux systématiquement. Vous y perdez votre crédit professionnel... en montrant qu'en fait vous ne savez :

- ni ce que valent les prestations ;
- ni le montant de votre budget !

Demandez les conditions financières et de paiement

Comme indiqué plus haut, demandez les tarifs, les différents postes, les montants des prestations. Il est important d'avoir une bonne vision des coûts engendrés afin d'avoir une possibilité de négociation. En effet, la négociation sera possible entre professionnels qui connaissent les enjeux et charges des uns et des autres.

Conditions de dédommagement

Dans le contrat qui vous lie à votre fournisseur, indiquez les conditions de dédommagement en cas de non-respect des engagements : prestation non conforme, retard dans la livraison...

Interventions extérieures

Demandez également de quelle manière interviennent potentiellement des prestataires extérieurs et quel est leur niveau de responsabilité et d'engagement à votre égard en cas de problème.

Rédigez une réclamation à un fournisseur

Faire une réclamation à un fournisseur n'est pas aussi simple que cela paraît. En effet, il faut être à la fois honnête, clairvoyant et précis si nous voulons obtenir réparation. Alors, faisons simple avec la même méthode « FAIR[1] ».

LES FAITS

Décrivez rapidement les faits tels que vous les constatez. Parlez au présent, à la première personne du singulier, donnez des chiffres, des dates, des noms, des éléments non contestables mais contestés : « Le 5 février, à la livraison de mon ordinateur portable, je constate… qu'il manque… que tel objet est cassé… »

LES ACTIONS

Dans une deuxième partie de texte, vous indiquez les actions et mesures que vous avez entreprises au moment de la découverte du dysfonctionnement : « J'ai contacté alors le service réclamation client et ai fait mention de ces éléments. La réponse apportée fut la suivante : … »

LES INCIDENCES

Par la suite vous indiquez aussi simplement que possible les incidences et conséquences de cette situation pour vous.

Soyez factuel, précis, ne tombez pas dans le pathos ! Ne tentez pas de jouer sur les émotions… Les conséquences sont, elles, financières, humaines, en termes d'image…

LA REQUÊTE

En vertu de quoi, il vous est facile de formuler une demande compensatoire. Ne vous battez pas pour des principes, mais pour trouver une solution à un problème ponctuel. Vous voulez un remboursement, un

---

1. Nous noterons ensemble que *fair* veut dire « juste » en anglais, au sens honnête !

Et avec ses fournisseurs !

échange, un avoir... demandez ce que vous souhaitez. Ne laissez pas les autres évaluer pour vous votre préjudice... vous leur en voudrez nécessairement d'avoir visé trop bas ! Et il vous sera encore plus difficile de demander plus par la suite. Et ne formulez pas non plus une demande surréaliste... elle se donne des bonnes chances de finir avec une réponse minimaliste !

- *Respectez vos fournisseurs*
- *Transformez-les en partenaires*
- *Négociez à juste titre*

Conclusion

Vous avez accompli un travail préparatoire important en vous imprégnant de tout ou partie de cet ouvrage.

Peut-être une inquiétude est-elle toujours présente en votre for intérieur ? C'est possible car ce livre n'est pas une baguette magique... il est, peut-être, en revanche le démarrage d'une réflexion et d'un travail sur vous...

Alors pour vous donner du baume au cœur, voici mon témoignage de Bisounours : depuis 1991, j'anime des stages de formation professionnelle pour adultes en poste ; depuis cette date, je fais face à cette même remarque : « Oui, mais pour toi c'est facile de parler en public, car tu es sûre de toi ! » Mais ça n'a rien à voir ! Non, je ne suis pas toujours sûre de moi... il y a des gros moments de doute ou de peur à l'instant d'entrer en scène !

Mais ma solution : ne jamais improviser ! Que j'anime une formation pour la première fois, ou la centième, je révise, je relis, je répète debout ou dans ma voiture ! Je me couche tôt ! Et là... de temps en temps, je me permets une mini-improvisation... que j'ai préparée la veille !

Alors être sûr de soi n'est pas nécessaire, même si c'est utile, pour s'affirmer ! Et quand on s'affirme avec douceur, en travaillant... on prend de l'assurance !

Faites-moi confiance... Essayez, vous progresserez et vous prendrez un grand plaisir à relever des défis, à mener des projets et des hommes, à leur parler... à les écouter !

Et je termine sur la phrase d'un ami, Serge Morel, organisateur de raids dans les déserts du monde, homme charismatique s'il en est : « C'est dur... mais c'est beau ! »

Bonne route.

Références et sources

Ouvrages cités

Hills C., *Cultivez votre charisme*, Paris, Éditions d'Organisation, 2005.

Nazare-Aga I., *Les Manipulateurs sont parmi nous*, Paris, Éditions de l'Homme, 2004.

Rose-Charvet S., *Le Plein Pouvoir des mots*, Éditions pour tous, coll. « Succès pour tous », Canada, 2007.

Tabarly É., *Mémoires du large*, Paris, Éditions de Fallois, 1997.

Sites Internet

Le site de la communication des entreprises et des personnes : www.com2crise.com et www.com2crise-leblog.com

Adresses

PNL – Repère, président Jean-Luc Monsempes, 71 avenue du Général-Michel-Bizot, 75011 Paris. www.repere-pnl.com

Cegos, 11 avenue René-Jacques, 92798 Issy-les-Moulineaux Cedex. www.cegos.fr

Kahler Communication France, le Vieux Moulin, Impasse du Bechet, 27120 Croisy-sur-Eure. www.kcf.fr